國文教學心路

林玲 著

關於本書

國立台灣師大附中林玲老師，在將近三十年的教學生涯中，因精研教材教法，努力弘揚文化藝術，並勤於寫作而受到肯定，本書見證了一位盡心盡力的國文老師豐富的歷程，其中有教學心得、教學資訊、清新小品，篇篇串聯出大大小小的文教界趣事，和感舊回憶，是一本兼具知性與感性，輕鬆可讀又精彩的好書。

序

二十九年前吧？一個二十歲出頭的姑娘，帶著「教育廳」的派令，獨自來到山城下的一所省中報到。不久，她成為一群十六、七歲的高中生的國文老師。那年頭不流行麥克風，白天她賣力的嘶吼講課，天黑了，就留在辦公室點起蚊香，用鐵筆在蠟紙上一個字一個字「刻」著講義，當年沒有印刷機，講義刻好，要自己動手用滾筒沾著油墨一張張用力「碾」，碾出來一張張五千年文化，也碾出寂寞殷勤的青春歲月。那樣簡單辛勞的年代，她曾經走過……

二十九年後，她放下粉筆，追憶那樣的逝水年華，追憶自己一路的嘔心瀝血，也顧不得是否開花結果，只覺瀟灑飛颺是許久不曾有的感覺，為什麼不回復原來的自己？「為人師表」沉重的包袱，已改造了面貌和個性而不自知，也就是說，她在教學之路上所呈現出來的認真、積極、努力、理智、精確……諸如此類的特質，其實全然不是本有的，自己原只是個閒散多情的人而已。

然而，無論如何，在幾近三十年的教學路上，的確是場場賣力、步步用心，也曾依著經驗、歷程而屢求突破翻新，所以，只想大聲說一句：這樣就夠了嘛！

回顧自己在教學生涯各階段所留下的痕跡，有一種敝帚自珍的情意，所以決定整理結集，再添上數篇芻蕘淺見以饗教學路上滾滾不盡的新鮮人。事後檢視一下內容，輕鬆的筆墨居多，實不足以稱學問。只不過，後浪推前浪，當年的學生有的也步上自己的後塵，執起教鞭教國文，他們經常詢及一些教學有關的事，我除了傾囊相授之外，不忘叮嚀他們承先啓後、推陳出新。教學一事，實非三言兩語可以道盡，重要的是每個階段都須突破自己。不過，一些前人已經推出的答案，後人就沒必要再花時間嘗試錯誤了，所以，將自己想到的問題隨手記錄下來，如果有所必要，往後再詳敘內容還不遲，否則一意野人獻曝，年輕一輩的或許覺得多餘呢！所以，閱讀本文內容，若覺不能全知究竟，可不是我故意「留一手」喔！

感謝國文天地雜誌社社長滿銘吾師的鼓勵，還有陳欣欣、余月霞兩位小姐的大力幫忙。編整期間適丁父憂，哀傷蝕心，幾次擱置計畫，不能完卷，幸好父母在天之靈給我打氣，提起精神終於完成。

在此，期望有緣之人，一起來漫吟、低唱、諦聽我的教學心曲……

林玲
二〇〇四年春於台北

目錄

□教學偶得

□佳作賞析

□絲竹管絃

□小品拾掇

經驗分享

你準備好了嗎

——寫給國文科教學的新鮮人

甫從大學中文系畢業，全身上下散發著鮮嫩的氣息；三分是老師，七分是大學生，這種「型」，是孩子們喜歡的。隨著為期半年的教學實習後，拿到教師證書，在眾多角逐者競爭下脫穎而出，不久就要成為作育英才的老師了，在正式成為人師之前，不妨先問問自己——我，準備好了嗎？

無論是國文系或中文系，無論是大學部或研究所，在那兒你練就了一身功夫，這些都是將來，甚至可以說是一生，從事國文教學工作的重要資本，教學的成敗，至少百分之五十由它決定。大學中文系所開設的林林總總的課程，如諸子概說、群經要旨、文法修辭、文字訓詁、教材教法，甚至現代文學等，都是國文教學的基本功；基本功不見得一一派上用場，但是科班出身的演員比票友多的就是一份篤定、一份自豪，再加上臨場的歷練，不出五年成為校園中的傑出老師，十年內成為教壇名師徹底實踐教學理想並非夢想。

基本功誠然是信心的主要來源，不過臨場將碰到怎樣的問題，以及如何解決，那就必須在往後的教學生涯中，不斷的學習研究才能日益精進了。所以終歸來說：教學是以舊日所學為根柢，加上不斷研究、擴充所開闢出來的一條教與學並進的辛苦途程。

記得當初將執教鞭前，恩師訓勉我們「不要靠一套《辭海》來教書」，意思是：必須找出每個問題的源頭，並憑藉第一手資料解決問題，靠著多研究來活化、深化自己的教學。比如教到六書，就複習文字學；教到老莊，就複習老莊思想，並看看有關的新作。如此行之既久，不但教學日益有得，學問亦隨之增長；否則不免淪為教書匠，徒然造就一群生吞活剝不明所以的學生。

如今資訊日益發達，資料取得十分便利，一些出版社為創商機，教師手冊、自學手冊等輔助教材紛紛出籠，早就無人靠《辭海》來教書了；靠「手冊」教書的倒不乏其人，雖然沒什麼不好，不過，身為教師，仍必須具備判斷、過濾，甚至編排資料的能力，而非照本宣科、照單全收。君不聞學校中經常有此類趣事發生——甲教師拿著考題質問乙教師，認為他命題有誤；乙教師不但不仔細研判，反振振有辭的說：「自學手冊上這麼寫的。」殊不知各種手冊只能拿來參考，教書的人必須有足夠的專業能力去判斷這些資料的正誤。而專業能力的養成，除了得自學校的訓練之外，不斷的溫故再知新，確實是非常必要的；是「教書匠」或「教學者」，全在此一端了。

所以，經常複習往日所學，並定期到書店找找新書，不斷研究課本上的疑難雜症，再用新穎的手法將扎實的內容輸送出去。成為真正的老師前，必須先抱定這樣的心理準備，才可以開車上路喔！學弟學妹們勉之！

教師甄選誌異（上）

報載有位台大歷史系的畢業生，在求職無門的情形下，想考個小學教員當。經日夜苦讀手肘生胝，好不容易通過考試拿到一張教師證書，接下來參加教師甄選，從此一場又一場的噩夢展開了——他從北考到南，再從南考到東，從城市轉戰偏遠地區，幾乎全省「考透透」，竟然沒有學校錄取他。從以上這則真人真事，令人確切的感覺到，如今想通過教師甄選，簡直和考狀元一樣難。

我參加過兩次滿特別的教師甄選。第一次，是看到報紙第一版登載好大一則省中徵國文老師的啟事，啟事上赫然寫著應徵者須具高三三年以上的教學經驗，明擺著要挖角。或許這則啟事太醒目了，一方面也因為是否教過三年高三無從查證，而急著找學校換學校的永遠那麼多，我記得有七十多人報名應試。哪想到學校想聘用有輔導升學經驗的高三老師的心意異常堅定，因此早就想好對策，遂用了非常的手段去進行淘汰。

當時的我已在另一所地處偏僻的高中教了六年，有兩年輔導畢業班的經驗，正想換到前面志願的學校，於是也去應考。

一早到該校報到後，發現考區佈置嚴密，考場內部狀況完全被封鎖住，一位表情嚴肅負責「盯」人的職員領著我按既定的路線去試教。一進教室，在班長宏亮的起立聲中我被迎上了講台，敬禮坐下後，只見七八位學生和四位評審的老師一起瞪著台上的我，好像是說：該妳了！我還在東張西望找不到他們給我的「題目」時，教務主任拿著「考題」矯健的從後面跑上來，他很快翻開一本嶄新的第五冊文化教材遞給我並指著說：妳從這裡教到這裡，天啊！為了測試老師們對高三教材的熟悉度，他要的是沒有任何準備下的「即席演出」。記得我被指定教〈匡許行君民並耕說〉中斷章取義的一個段落；事後才知主任不是教國文的，又堅持要自己出題以防洩漏，所以他當然不知道這樣攔腰砍斷根本是無從起講，更狠的是，不讓我用自己寫滿筆記的課本上課；不過我也沒空想這麼多了，只能利用一分鐘請學生唸一遍，匆忙理一下思緒，然後就又解釋又舉例的一路教下來，中間還不忘「插播」大學考題分析。我看到不知何時走進來的校長站在後面滿意的點頭微笑著。

我又被帶往一間佈置得活像國家考場的地方，裡面已經有許多人在握管苦思。一位職員端來文房四寶和一份作文題目，試題是「道不遠人，為道而遠人不足以為道矣」（語出《中庸》）。唉！明清是八股取士，如今是八股考老師。由於剛才試教時的「大刑伺候」，現在難免驚魂未定，提起狼毫「之乎者也」一番時，手指暗暗抖個不停。

被帶進校長室面試時，校長似乎對我印象不錯，不過他也非常疑惑，說幾乎看到每一個應徵者，面臨這種不給準備時間的試教方式，都被嚇得張目結舌、結結巴巴，當場「掛」在黑板上，像從烽火台上看著被戲耍的諸侯一樣，千奇百怪的模樣應有盡有，為什麼我看起來年紀並不大卻教材熟練台風穩健侃侃而談？我暗地裡想：過去受到扎實的養成教育，以及六年來，每節課之前對教材的精心準備和研究總算沒白費，不過，說不緊張是騙人的，只因在學校時參加社團有過一點舞台經驗，使緊張看不出來罷了。

後來我幸運的被錄取了，而且在這所學校連續教了三年高三，才獲准下來高一從頭帶起。而且還在這裡結識了外子，婚後又生了一對兒女。上蒼對我真好，我珍惜這份福氣，也嘗到辛勤耕耘後豐收的快樂。

教師甄選誌異（下）

聽說北市某明星高中甄選老師，為了子女就學方便，我決心換到市內的學校服務。甄選的日子到了，一早跨進這所有名的市立高中，發現校園內人來人往，赴試的老師們打招呼的打招呼、談笑的談笑，好像出席什麼盛會似的，花枝招展者有之，全身披掛者有之，還有人搬來一堆又一堆的教具，花花綠綠、滿目琳瑯。看他們交談的模樣，似乎熟悉內情，大家都知道如何應戰而一副有備而來的樣子。

輪到我了，一個籤筒遞了上來，抽完題目又放回去，我發現從上午考到下午共有好幾十位老師參加國文科甄試，一直就是那四、五段課文輪流抽換，和剛才在休息室時考回來的老師透露的完全一樣。題目早就洩漏了，而且抽到題目後，還有近一小時的準備時間，試教時還可以使用自己的課本甚至拿著參考書上課；立意雖「人道」不錯，但不知主試者將如何評斷高下？短短三十多字的文段，格局有限，除了狹隘而固定的文章字句之外，並無任何義理可談，何況準備的時間這麼長，分明意在「保送」經驗缺乏者。

我決定除了展現「化整為零、化零為整」細膩的講解課文功力之外，特別注意文章的情境教學，並注意舉一些幽默活潑的例子，以求面面俱到，唉！那些有限的句子，我想這樣講也夠了。台下學生聽得精神抖擻、眉開眼笑，我卻無意中發現，評審的人坐得東倒西歪，有的兩眼盯著地板出神，有的從頭到尾手撐下巴望著牆壁，好像不管我怎麼賣命演出，壓根和他們沒關係似的。

這所學校沒有筆試。剛才試教又似乎廣開善門，所以決勝點應在校長口試吧？我直接被帶進校長室面試。校長看起來還算平易近人，簡單寒暄了兩句，他忽然拋出問題來：「學國文又教國文，妳懂崑曲嗎？」我猝不及防楞了一下，他有些得意的搶白：「崑曲是相當精緻的文化藝術，國文老師應該知道嘛！」又說：「妳是師大畢業的！你們師大公訓系有位夏煥新教授提倡崑曲不遺餘力，我們認識多年，我對他非常敬佩！妳知道他吧？」各位知道這是十多年前的事了，當時白先勇尚未倡崑曲，更不見有大陸崑劇團來台公演，整個社會對崑曲完全陌生，就算全台灣好了，因為根本沒有職業崑劇團，知道崑曲是什麼玩意的，大概加起來寥寥無幾，好狠！用這麼「冷」的題兒來篩選國文教師；但本姑娘偏偏就會！我差點沒像他鄉遇故知般的喜極而泣，趕緊拿出帶來的資料，其中第一份就是我對傳統戲曲演變的歷史和未來前途的一篇論文的抽印本，這篇論文曾發表在國文天地雜誌上，而且文章旁邊還附有我親自粉墨登場演出〈遊園驚夢〉

等劇的照片。「校長！夏老師是我們師大崑曲社的指導老師，對學生愛護有加……」我聽到自己快樂的聲音在校長室內迴盪著，不過，事情有些蹊蹺，眼前這張臉凝結住了，臉上肌肉顯然東一塊西一塊變得僵硬起來，和剛才的得意形成反比。他尷尬的匆匆結束了這場口試，留下疑惑不解的我。

有位學長在一女中擔任行政工作多年，就在我參加甄試的第二天，這位學長便告知：他有內部消息，不但知道我參加某學校甄試，而且聽說我試教表現突出，看起來只要口試這關通過，應該很有勝算才是，我想如果在錄取名單公佈前能補上師長推薦函豈不更好？於是火速跑去找崑曲社的夏老師。

師大崑曲社全部社員不到十人，師生關係如同家人，有著薪火相傳濃厚的感情。高齡七十多的夏老師，在青田街宿舍裡，用放大鏡顫巍巍一個字一個字鄭重其事地幫我寫下推薦信，他信心十足的說：校長是難得的知音，二人相交頗深，常要他推薦優秀的學生前去任教，前前後後在他手上推薦的學生有好多位，而且只要他推薦，沒有不任用的。我又火速拿著夏老師的推薦信跑去找校長，校長正在和教務主任密商，一切看起來似乎還來得及。

看到我，再看到夏老師的親筆函，校長流露出萬分誠懇，也萬分遺憾和抱歉的神情來，我感覺得出他是真心的，他說：「很抱歉，實在……實在是因為這次只有一個名額，以後若有機會……」

啊！為甚麼這樣功虧一簣呢？而且他的話令人費解，「一個名額」有啥關係？……難道……難道……難道是早有內定人選，事後才又殺出我這個程咬金來？除了這個答案外，我真的想不出其他原因了，如果憑當場成績決定錄取，「一個名額」又何妨？仔細想來，他們訂出來的試教方式其實條件正常的人都能表現良好，且好壞差距不會很大，何況題目滿場洩漏，使「名單上」的人輕易過關；口試再出一些冷僻的題目讓「名單」外的人自慚形穢、知難而退，如此一來「內定」的目的就很容易達成了，偏偏我不但會答他的題目，而且還有夏老師的推薦函，只可惜未曾事先佈局……看到校長驚慌意外而非喜遇知音的表情，我早該料到是怎麼回事了。唉！但願以上都是我偏頗的「牢騷人語」，不過，我深深覺得：各學校所舉辦的教師甄選，如果不訂出客觀標準，落選的人是永遠不能服下這口氣的！

是「正常教學」還是「作秀」？

記得還在省中服務時，有一天，一支由專家學者所組成的教學評鑑團體，參觀完許多公私立高中的國文教學後，翩然蒞臨我任教的學校。

「評鑑團」尚未蒞校前，同事們聽說已被參觀過的某市立高中，由於準備周全，使評分的教授們留下極佳的印象，所以大家都希望自己的學校也能得到同樣的榮譽，但新上任的教務主任似乎文風不動，不當一回事，幾個人急得到教務處去請主任簡單宣導一下，沒想到主任說：「他們是他們，我們是我們，我們正常教學！」原本著急的人被潑了一盆冷水，大家都楞住了，不過，主任的回答倒是帶出一個問題來——經過特別設計，按「教學法」演練是「作秀」嗎？那屈就於現實、每天習以為常的教學方法就是「正常教學」了！

回辦公室後大家為此起了一些爭辯，每個人對「正常教學」一詞都有不同的認知，不過，記得當時大部分同仁覺得主任說的滿有道理的，何況，既然學校都說不須特別準備了，為什麼要和自己過不去呢？大家似乎都覺得只要按平常的方式再注意一點就是了，但，我還是有一些小小的不安，我仔細推敲教學法的原意，並趁機審視自己是否日益偏離某方面的理想？很快的我找到了答案，並決定加強設計當天的教學活動，但仍保持自然流暢的教學面貌，我擬定了教學簡案說明課程內容和教學宗旨，並印發給參觀者參考。當天的教學，我是運用多年的教學經驗去駕馭從前大學中學到的「教材教法」，並加入自己特別的設計。

評鑑活動結束後，主持的教授在座談會上激動的斥責教師們習以為常、看似老練，但乏善可陳的教法，他認為大家安之若素卻偏離教學原則和理想的教學方式，其實是最「不正常的」教學法，為什麼這樣多人奉為圭臬而不思突破呢？教學活動除了注重內容之外，教學形式本應經過層層設計才能呈現，這是不容懷疑的。聽了他的發言，大家都像受了重擊一般。

自從那次之後，我更努力提醒自己：教學內容充實，只是最基本的罷了，教學型態最好也能推陳出新、不落窠臼，因為，「正常教學」本應如此才是。若礙於時數有限，進度趕不及，一學期中，至少會挑幾篇課文作特別的設計，使學生用較不同於尋常的方式進行課文的學習。二十多年來時時期勉自己不能因「資深」了，就「退流行了」。用一句表演的「行話」來說明吧：「上台要帶幾分『生』！」千萬不要演到自己都麻木了；以創作古典詩來說：「爐火純青」當然是好的，但「濫熟」就不對了。我經常以此自期自勉，並經常將此觀念提供給所指導的實習生參考。

另外，指導實習生時，向他們催討「教學詳案」往往是件麻煩的事，因為很多人感覺「教案」和實際的教學距離遙遠，根本是寫來騙人的。遇到這種情形，我通常耐性的告訴他們：「教案的意義是，在客觀條件完全能配合的情況下，你能將教學發揮到怎麼樣的最佳狀態。我很想了解一下。」我還告訴他們：「有的學校甄選老師會考教案編寫，道理就在此。」我甚至告訴他們：「有位同事就是因為教案設計得好，而打敗其他高手獲得錄用。」以上說的都是真心話，希望大家能重新評估「教案」的價值。

一場文化教材的激戰

——與陳立夫先生面對面

民國七十七年的寒假，大家仍沉浸在過年的氣氛中時，忽然接到師大梁校長尚勇先生的請柬，邀請我出席一場重要的座談會。

這場座談會之所以召開，是因為自民國七十二年開始，國立編譯館捨棄了民國五十一年以來，高中文化基本教材以《論語》、《孟子》為主要內容的傳統，而改採編審會主任委員陳立夫先生的《四書道貫》版。這套教材經過數年的實施，引起全國教育界和學術界極大的反彈，可謂怨聲四起、毀譽叢生，但其間儘管召開過的文教座談會議無數，抨擊的言論如潮水般湧來，卻似乎永遠無法上達於「天聽」。

大概在民國七十六年前後吧？一篇鏗鏘有致、氣力萬鈞，擲地可作金石聲的嚴辭批判，刊載在尚未解嚴時期的《中國時報》上，文章是師大傅武光老師寫的。這篇文章終於驚動了當時在黨、政、軍界舉足輕重的立夫先生，立夫先生決定請師大梁校長召開一場核心人員內部的會議，邀請決策小組出席，並請來反對最力一方的代表，大家面對面說清楚講明白。為什麼說這次會議有別於以往的大大小小會議呢?因為除了梁尚勇校長親自主持外，國學界耆宿和學者組成的編審群，幾乎悉數現身，如高明老師、潘重規老師、熊先舉先生、華仲麐先生、楊昌年師、黃錦鋐師、余培林師，以及推薦我與會的曾忠華師和王熙元院長，尚有關心青年教育文化的曾昭旭老師、袁保新等多位名教授。滿場博學鴻儒，學有專精的儒林前輩，加上我們四位高中教師代表，總共二十人關室密談，開會地點是師大綜合大樓五〇五室。高中教師代表，除了當時任教省立板中的我而外，尚有師大附中資深教師祖蘭舫、曾獲全國國文科教學優良獎的中山女中的梁桂珍，以及參考書出版界的健將建中楊鴻銘。

大家教書多年都是舊識，如今一起置身在老師、太老師群中，幾個中學教員級的人見面更是倍感親切。四個人共同覺得匆忙被通知與會有些意外，對此行即將面臨的狀況也有一些小小的惴惴不安。楊鴻銘為難的說：因為常在《孔孟月刊》發表文章，所以陳立夫寫信請他今天出席以便幫自己說話，但顯然現場列席的多位往日的師長，是強烈反對新教材的。談到新教材，楊、祖、梁立即異口同聲表示這東西簡直沒辦法教嘛!忽然有人想起說:「不知今天陳立夫會不會出席?」另一人立刻說:「當然不會了!不然這會要怎麼開?」而，不久之後，年長矍鑠的陳立夫先生卻一身長袍笑容滿面的出現了。

一到會場，向與會的朋友打過招呼後，立夫先生立刻忙著一桌桌散發刊登在師大校刊上的一篇文章，內容是他對多日來批評文辭的總回應—他認為新教材施教困難的主要原因，是師大沒有培養教《學》、《庸》的師資。

看起來這場會議是山雨欲來風滿樓了。

會議開始不久後陳立夫發言。他先讚美傅武光教授的文筆，隨後自我謙虛了幾句，再說明當初寫作《四書道貫》的初衷，並說明改編教材主要的目的，除了認為《學》、《庸》的價值不亞於《論》、《孟》之外，是想將中國學術體系化，最後重申他刊登在師大校刊上的看法：新教材實施困難是因為師大沒有培養教《學》、《庸》的人才。他說到這裡，我看到梁尚勇校長在一旁尷尬的笑著，在場任教師大的師長當然臉色都不好看，我心中也不舒服，不過，他的表情倒還謙沖和氣就是了。

接著由楊昌年老師報告全國問卷調查的結果，百分之八十三的高中教師對新教材不滿意。然後，曾昭旭老師發難了。

他嚴峻的告誡在場每一個人拿出文化良心來，不要為了取媚而淪為萬古罪人。嚴厲的措詞指向在場每個人，我微微覺得自己受到蔑視。在高明老師等人面前，昭旭老師算是學生輩，說這番話教訓人的話時他絲毫不假以辭色。他慷慨陳辭指出立夫先生對儒學的理解是錯誤的，並說有人不滿的問這套教材何時廢止？他答以：「除非立夫先生百年之後。」話說至此，會場氣氛已緊繃到最高點，大家似乎可以聽到自己的呼吸聲。昭旭老師自始至終疾言厲色，和平時判若兩人，發言完後，他請袁保新教授繼續補充意見，袁保新教授更是毫不容情的當面數說立夫先生數大錯誤和罪狀。

面對兩位年輕教授的厲責，年邁的陳立夫先生始終保持安詳和緩的笑容，只是在場的人沒有清算批鬥的經驗和準備，都震撼得無以復加。更沒想到，此時在座尚有多位尊長未曾開口，矛頭卻忽然轉向我們四個人，不知誰說：「我們還是請站在教學第一陣線的高中老師代表發言。」彷彿還在重炮轟擊的戰慄中，怎麼一發流彈飛過來呢？在全場注目下，四個人一起力推年資最深的祖蘭舫老師，她慌忙說自己也是編審委員不便發言。再推年紀次長的梁桂珍老師，她說今天沒有準備，下次再補書面資料。接下來是楊鴻銘了，楊鴻銘早說他立場尷尬不好說話，所以幾句話說下來實在聽不出他到底護著哪一方？最後，就只剩下我了。

來前外子提醒我，既開會就要把握時機溝通意見，所以我抽空整理出教材不當之處，並構思反對的一方會提出哪些理由來，自己將怎麼去說服他們，事先把要說的話作成一大張綱要。現在見到現場氣氛如此火爆我也激動起來了。按捺下不平的心，我說：「記得在校時師長曾告誡過，千萬不要在學生面前批評教材，因為學生聽到後正好藉故不讀，如此貽害更大……」當初說這話的是曾忠華師，他也在場，並坐在正對面，他萬沒想到自己推薦來開會的學生砸了大家的場，還引用他的話，可以想像他有多麼錯愕和著急，他鐵青著臉，用力皺眉，不斷搖頭生氣地暗示我不要說下去了，我沒理他繼續說：「在我努力克服的情況下，學生不知教材好不好的問題。直到，他們看到報上不斷抨擊，奇怪地將簡報貼在後面讓我看……」我敘述的都是事實，不過對面的忠華老師氣得幾乎要跳起來了。我繼續沒說完的話：「但是，今天不同，現在是討論和說話的適當時機，所以，我事先準備了一些意見要發表！」沒料到我的話鋒一轉一百八十度，在場的人似乎都倒吸了一口氣，忠華老師臉上也像施放的煙火一樣倏地爆開了笑容。親愛的老師！對我要有信心嘛！我逐項說了下去，當然立夫先生所提的一些論點都在我事先料及的範圍中，我遂冷靜地加以說服……我的發言大概長達十五分鐘。

不過，話說完後，事態嚴重了，一發高射炮飛了出來，重擊曾昭旭老師，說話的是高明師：「大學教授不如高中老師！罵人死的不配教國文！今天在場的，不是我朋友就是我學生，你們何時看我高明像今天這麼生氣過？教材本來定期就要改的，不改請大家來開會做什麼？但罵人就不對，罵人的不配教國文，大學教授不如高中老師！」接下來潘重規、華仲麐等和高明師同等級的學者大師輪流上陣，訓人兼講課的，每人罵了昭旭老師一節課。只見昭旭老師自始至終低著頭，我不敢細看他的表情。我們四個人也一直低著頭。直到快中午了，終於罵完了，會後校長請大家吃飯，昭旭老師臉色不太好看，拿著手提包急著先行告退，陳立夫熱切地揮動手臂招呼他：「昭旭啊！吃完飯再走！吃完飯再走啊！」我和楊鴻銘兩人隨後也告退了；這頓飯實在是吃不下去！

晚上意外接到傅武光老師的電話向我表示感謝，我才鬆了一口氣。後來，他們接受了我當天在會場上的陳言，恢復《論》、《孟》原貌，不過略加單元化罷了，至於《學》、《庸》只略作簡介，並編排在高三下學期。

這套教材一直施用到如今。

上「文化教材」?我喜歡!

很多教師認為文化教材是門枯燥不受歡迎的課。其實,如果從特定的角度衡量,國文課何嘗不枯燥?除了「作者生平」可以講講故事之外……不過,這麼一想,國文以外的課又何嘗好到哪裡?所以,教師們最好時時揣摩學生的心理,估計他們會感枯燥不合時宜處,偏偏就不讓它枯燥不合時宜。

阻隔學生喜歡國文課有一大原因,就是文字障礙和時代問題。如何帶領學生穿越障礙去探觸思想之精美、文章之逸趣,就要靠教者自己先具備附有「穿透力」的眼光,並多體會、多思考了。至於文教課之所以不受歡迎,往往是因為老師只講解釋、翻譯,學生想到這一大堆陳腐的教條還是考試的材料,就更是麻木以對了。

上文教課千萬不能只忙著做文字訓解。什麼恭敬啦、謹慎啦、有禮啦、仁德啦!誰聽了不煩呢!每一課的準備工作都是一道又一道複雜的程序,基本字義只是只是最「基本」的,其他還有很多對不?

上文教甚至要像「煨魚翅」一樣，魚翅味淡而有營養，所以要用雞湯、香菇、鮮筍……文火去燉。

多找幾套書來研究參考吧！《集注》啊、《正義》啊，當然都熟練啦，民國以來的學者還有許許多多有價值的著作不是嗎？多上圖書館、多逛書店，吸收充實之後，再用清新的角度，從生命體驗上出發，不過，千萬不要上「死」了，「深入」之後，「淺出」更重要。

多年來我上文教課也搭配視聽教學。有一套大陸拍攝的「孔子傳」錄影帶，每集剛好五十分鐘，從高一到高三陸續播放給學生看，我在一旁詳細講解。只要留神，影片中有許多和國文有關的東西，如「君命召，不俟駕行」、「君召使擯，色勃如也，足躩如也」、「公冶長識鳥語」、「再拜稽首」、「冠禮昏禮」，以及各種文物衣冠，學生看不出來，老師必須用專業眼光一一挑出講解。學生很喜歡看影帶，覺得收穫很多。有位推甄上醫學院的學生，在知道自己上榜後，向我借未放映完的影帶回家觀賞，他想知道孔子完整的一生。學生們都覺得對固有文化的觀念不變，因為影帶拍得很生動，孔子的生命性格使學生感動。有趣的是，好幾屆看下來，子路幾乎成了學生們的最愛。

當然，實施媒體教學的第一要務是強迫每位學生一定全程參與，等全班都能靜心觀賞之後這套教學才能行得通，只要想出種種手法「逼」他們看一集，百分之九十九以上的學生都會被吸引住而跟著劇情起伏，所以老師們千萬要將播放影帶視為一種教學技術，不要電燈一關馬上「走人」，「引導」的工作十分重要的。

固有文化不受重視情況日益嚴重，而文化教材附屬在國文課中又非上不可，所以，用點心思將文教課上得生動活潑、淋漓盡致，對自己絕對有好處。不敢說我做得很好，但一直很樂意接受這樣的挑戰！希望你也一起來喔！

正課以外的浩大工程

——編製補充教材

補充教材分門別類，它應教師和學生之需要而生；有趣味性的、學術性的，和具有應用性質的，甚至版本開放後，還有為補既有版本之不足，而衍生出的文選性質的補充資料。

教改實施後，隨著升學方式的改變，國文考題也日趨活潑多元了。命題不以課本甚至任何版本為範圍，也可以說「上窮碧落下黃泉，都是命題的範圍」，於是苦了學生，也苦了負責任的老師，忙著蒐集、篩選、編排資料，再展開課內外「同步教學」。原本辛勞的教書生涯，因此更加忙碌辛勞了。

不能貴古薄今，最好是新舊並陳，於是，一面趕進度，一面勤補充，又忙著製訂書單，令學生逐本閱讀，望著課表上一週寥寥四節的國文課，真是又恨又急，許多認真的老師就是這樣累病的。

為了幫助學生因應考題，「補充資料」不能不補充，課本的底子也不能不打好，還要訓練語文表達能力（新式作文）、改作業、出考題、處理學生問題。許多人眼紅於教師的薪水、假期和退休金，其實，只要心中有一點責任感的教師，都會把自己逼成牛變成馬，去做到什麼「任重道遠」的！

教師們花在備課的時間和心力，局外人真的無法了解；如果有人再使用 PowerPoint 上課，那鐵定每天（包含假日）只能看到他打電腦的背影了——外子便是這樣。這麼辛苦的歷程有人願走嗎？難怪懂得取巧、自我釋放的人愈來愈多了。似乎只有笨人才會在客觀條件缺乏的情形下（例如節數少、鼓勵少），還端出豐盛的牛肉以饗學生吧？何況學生中不乏心存混混之輩，這些不肯用心、不懂珍惜的學生，也常使教師們興起「所為何來」之歎！

除了多一點「同理心」，希望自己的孩子遇到好老師，所以也期勉自己成為別人孩子的好老師之外，我想，儘量把事情做好是肯定自我價值的途徑之一。其實，大部分老師還是想把工作做得更好的；所以，「大家一起來」的觀念是非常重要的。

手冊上資料雖多，畢竟只能以該版本為脈絡，何況前面說過，補充教材其實是千頭萬緒的；坊間參考資料雖多，但即使學生有驚人的財力悉數購買，亦無充裕的時間全部閱讀。所以，如果覺得全方位教學是教師無法規避的宿命的話，最好能在學科主席或召集人的精密規劃下，大家分工合作，至少能完成一份共同覺得必要的補充教材；至於教材中屬於個別性的部分，就留下自行定奪吧！如果覺得這麼辛苦又不開補習班也不會有人獎勵你，那就只好想開一點；人家「考招分離」，我們就「考教分離」，把應付升學考試視為學生自個兒的事，不管怎麼考，我只憑一股理念去進行自認理想的教學，不然又能如何呢？

補充資料的迷思

教科書市場是塊大餅，書商爭相分食的情形已演成激烈的競爭。為了迎合教書人的方便，以爭取獲得選用的機會，出版商便揣測教師們個個都偷懶成性，於是印行了所謂「教師用書」以為誘餌，其實所謂「教師用書」根本是「教學小抄」，將上課要講的東西，巨細靡遺的用紅字套印在課文的行列當中，這句是什麼意思，那段該怎麼補充，密密麻麻的出現在書本空白處，教師們連動手將資料抄在書頁上的時間都省下了。似乎不管有多麼不學無術，只要上課照唸，立刻就博學多聞起來。由這件事可看出，如今教學資料的取得有多麼容易，那麼，誰還去研究些什麼？

上課鐘一響，我可以抄滿一大黑板，也可以發下一張張的講義，所謂的「補充資料」，多得壓死人。學生們也乖乖照抄，一節下來覺得上課很充實，沒人認為不好，國文課就是這樣子，補充資料愈多的老師愈是王牌，其實，非也！

剛出道時，往往喜歡抄許多補充資料給學生，不但學生滿意，自己也因此而沾沾自喜；久而一想，支離破碎、斷章取義、囫圇吞棗、欺世盜名，這樣做有意義嗎？對學生程度的提升是否有正面的助益？教師們將一些東拼西湊，連自己都未必真正消化的東西，一股腦兒塞給學生，學生照抄照背，日子久了，誤導了孩子學習的方向，虛耗了他們寶貴的時光，所得是一些打結的東西，領略不出真趣味。如果教者不是真對教材有感應，或刻劃不出作品的精神、作家的真生命，無法將教材上到淋漓盡致、爐火純青的境地，這樣的教學，其實還是有改善的必要。光是資料的輸出，參考書也做得到，教師的功能性到底在哪裡？

有此體認之後，便開始要求自己儘量由點到線、由線到面，將資料做全盤的研究和了解，然後再經過濾和整理；其中「過濾」的重要性，不亞於前面說的「研究」和「了解」，因為選取教材時，不但和升學考試的方向不能相悖，又要顧及自己的教學理想；如何兼顧理想和現實，在在考驗著教師的教學功力和專業素養；最後，將選擇好的資料加以整理編排，再一幕幕呈現給學生。施教時，教材無論課內外，務必教到學生「融會貫通」，自己才會有一種痛快淋漓的感覺。

至於各種手冊上的參考資料這麼多，究竟該不該全看呢？我的想法是，資料的掌握對文科的教學來說是非常重要的，將手邊有的資料瀏覽一次，才知道如何截長補短，而非自陷於象牙塔中。

不過，「入乎耳出乎口」的記問之學不足以吸引人，更不可能發生效用；如果能充分咀嚼，使資料確實成為自己經驗中的一部分，自己深心受感動、有感覺，再傳送給學生，我想，除非冥頑不靈的學生，否則一定更能感受到知識的樂趣的。

以上種種，說起來似乎很困難而耗時，其實只在一起心、一動念之間罷了。只要能有類似的認知，其實大家都可以做得很好的。

多媒體教學與我

我想由我這個「機器盲」來談這個題目有點好笑，何況我們當學生那個年代根本沒有電腦課；不過，早在民國八十年前後，統編本的時代，在母校師長的推薦下，我曾經參與了教育部發行的高中國文教學錄影帶的製作，而且，目前我正嘗試著使用PowerPoint上課，所以馬馬虎虎還沾得上一點邊。

先談教學錄影帶吧！這部教學錄影帶，由教育部出資，華視訓練中心承製，有多位師大教授和高中老師參與製作。在教授的指導下，由高中老師擔任撰稿工作，負責構想每一課該如何用錄影帶呈現出課堂無法呈現的部分，以補上課之不足。除了撰稿之外，老師們還親自擔任主持的工作。參與撰稿的教師都累積了一些高中國文教學的經驗，不但熟悉教材教法，而且擁有編劇寫作的能力，並略具基本儀態和清晰的口齒以利主持工作，其實這些條件是大部分國文老師都具備的。

這是一件新鮮且富挑戰性的工作毫無疑問。接下任務後，我決定徹底排除參考書、教師手冊上既有的資料，另外提供和該課有關的東西，因為這樣才能真正達到幫助教學的目的。先想好可以發揮的空間，再想好發揮的方式，聲部要說些什麼？影部要如何配合？一切都須親自規劃，當然指導教授用專業的眼光所做的指導也很重要。就這樣一課一課作下來，在我手中寫成的課文有〈一位平凡的偉人〉、〈與元微之書〉、〈陳情表〉、〈典論論文〉、〈過秦論〉等。

我第一集製作的是〈與元微之書〉。由於是第一次寫作、拍攝，經驗較缺乏，現在看起來還覺得幼稚好笑。記得當初為了到華視拍攝這集影帶，特別選購了一副晶亮的貓眼石耳環，結果才戴一次，影帶拍完後就在川流不息的火車站擠丟了。真的很累呢！一集最少要拍半天，半天拍下來全身僵硬，癱在一旁站不起來。

有一點很遺憾的是，大部分導播總覺得教學節目不必太精美，對於腳本上要求的效果往往不以為然，草草帶過，不然就是畫面重複使用。所使用的臨時演員素質太低，配音員咬字不清，所以乍看到自己製作出來的節目真的有痛哭流涕的衝動，後來乾脆將腳本設計得讓自已的學生可以參與演出，拍出來的效果反而好。我也儘量寫外景，第一次出外景時老公親自護駕，並在劇中權充路人被拍攝進去，有趣吧？

每次出完外景，攝影組的工作人員便群聚飯館大吃一頓，數打啤酒頃刻間一飲而盡，場面豪放驚人，製作費用拮据、節目品質不夠理想，或許這也是其中一因。飯後回到影棚繼續錄影，但酒酣耳熱後這些人顯然累了，錄影師把鏡頭對準我不動，然後就坐在攝影機旁的地上（也就是我的近距離正前方）自顧自的打起瞌睡，等到我面向鏡頭唸完所有的台詞他才猛然醒來。我要求他當我唸到某幾句時鏡頭必須拉遠，他問我這和內容有何關係？我說難道所有和內容無關的部分都不須顧及影像效果嗎？那麼那些影劇是怎麼拍的？他才坦承不能動鏡頭是因為後面只貼了一小方黑布當背景，鏡頭稍一拉動就會穿幫，予復何言？

拍最後一集〈典論論文〉時，我決定一改素面形象，到店裡給人化妝，結果那天化得跟唱歌仔戲一樣，還裝假睫毛，不過，拍出來果然有些不同。

拍〈典論論文〉時，我設計了一段張夢機老師、曾昭旭老師一起品茗論文學的畫面，結果因為室內空間不夠大而改成分別訪問，但不知為何，不久中央日報副刊有了和我先前設計同樣形式的專訪。夢機師和昭旭師是知交且對門而居，昭旭師家的客廳純中國式的設計早就遠近聞名。曾老師不計「前過」，寬宏大量答應上我的節目，令我感激涕零，不過，其中完全是透過夢機老師聯絡安排。夢機老師的德配田素蘭老師是我在古亭女中時候的童軍老師，田老師嫻雅美麗全校聞名，不幸罹癌去世，拍〈典論論文〉時正逢素蘭老師過世不久，夢機師頓失賢內助，原來是沒有心情參加錄影的，完全是基於對學生的愛護才慨然相助。後來，夢機師不幸中風，幸而經過努力復健之後，目前又能在教壇上栽培後進。

一至六冊的錄製工作，歷經數年才全部完工。影帶製作完成後，教育部曾寄發給全國各公私立高中使用，所以，除了這幾年新設的學校之外，應該每所學校的設備組都有這套教材才是。

我通常會挑選幾課自己較喜歡的事先了解內容，再搭配原來的教學播放給學生看，效果普通。據所知，使用率並不高。曾有實習生告知，他們的教授囑咐千萬別放給學生看，因為，「如果學生發現影帶教得比你好怎麼辦？」教授如是說。

一直以為除了參與製作的老師外，沒有人會播放給學生看，結果有一年寒假，參加一場全國性的教師戲曲研習活動，在餐廳用餐時由於沒有熟人，所以獨自埋頭偏僻角落，沒想到忽有一人上前招呼並關心的問及教學錄影帶會不會配合新課再拍續篇？這位自稱來自高雄的老師顯然看過影帶認出我來了；更妙的是：結業典禮時，我蜷坐台下聆聽台上教師代表致詞，忽然有人從後面拍我的肩膀說：「應該是妳上台代表大家致詞才是！常看到妳寫的文章……」可見得和教學有關的訊息，還是頗受教師們重視的。

至於PowerPoint的使用，是最近一兩年的事，我用它上名家散文選、國學概要。從網路上下載資料以供上課之用異常方便，同時因為在視聽教室上課，隨時可以搭配CD和錄影帶的播放。使用多媒體教學，呈現的方式和傳統教學有些不同，課前的準備工作更是馬虎不得。由於方式多變，且可以節省板書時間使上課更緊湊，所以，及至目前為止，我很樂意探索下去，除非學生拒絕這樣上課，否則，應該也算一種有價值的教學方式吧？

我上大學才出生

高三時的導師請我吃飯敘舊。二十多年未見，老師對我的印象一直定格在當年那位羞澀、內向、臉上長痘痘的女生，一時無法接受眼前這個已然脫胎換骨的女子，我不知如何解釋自己的蛻變，只好不斷開玩笑保證自己沒整容。記得詩人周玉山曾改動尼采的豪句：「我的時間尚未到來，我上大學才出生。」這是高中時期心情的最佳寫照，當時，我極度擠縮自己，為了某些遠大的目標，而屈服在狹窄的體制下，當然，上了大學便開始了另一個我，一直至今，早就不復昔時了……

中文系是我的最愛，但我也愛音樂、舞蹈和文學，當年的師大文風鼎盛、人才濟濟，社團活動更是欣欣向榮，我一口氣參加了師大合唱團、國樂社、廣播社、國畫社、博欣社、話劇社，不為增廣人際關係，只為真正的興趣，在團體中，我依然安靜，只默默汲取藝術所帶來的愉悅感。

在師大，一下課是校園最忙碌熱鬧的時段，大家手捧著書急奔向下一節上課的教室。這天，我感覺有人匆忙趕上我急促的腳步，一回頭是兩位男生，他們自稱是話劇社的，他們表示「少奶奶的扇子」劇中少奶奶一角缺人飾演，公演在即，想請我火速去排戲，我表示自己熱衷的是幕後工作而逕予拒絕。其實是因為合唱團長得知我參加話劇社後曾一再勸告我他們社風不好，經常排演到三更半夜便男男女女睡在排練室，當時「民風純樸」，這樣已經是不得了的事了。

不久後，我突然悟出，能將文學、音樂、舞蹈鎔為一爐的，只有中國古典戲曲，遂又參加了國劇社、崑曲社，這事後來又被合唱團知道了，擔任合唱團指揮的是音樂系的老師張清郎、學生陳榮貴，當時學音樂的除了許常惠教授外，很少有人能給傳統劇曲音樂一個正確的定位，所以，我自尊心強，深怕合唱團的人以異樣的眼光看我，於是在大三升大四時，忍痛離開了感情深厚的師大合唱團，記得大一加入時，她還叫「心聲合唱團」呢！以上就是我的「社團史」。

國劇社、崑曲社不是大社，卻擁有優良的師資和熱心的同學，使我獲益良多。我天性較靜，但奇怪的是，一上舞台很敢揮灑，指導老師很快就發現我和其他同學不同，有些人雖然生性活潑，但一表演起來卻無端忸怩放不開，再加上我有一點舞蹈細胞，而且從高中到大學都參加合唱團，習慣圓著喉嚨唱歌，一時抓不到唱戲的要領，所以老師認定我適合唱「閨門旦」，希望我往身段戲發展，在老師認真的調教下，我練過蹻功、穿過旗鞋，像《得意緣》那樣的戲，老師認為我唱得比郭小莊好。我演過《拾玉鐲》的孫玉姣、《得意緣》的狄雲鸞（有武功的喔！）、鐵鏡公主等等，還和學長傅武光在《御碑亭》這齣戲中同台演過兄妹。那時有位學妹經常和我合作，她演小生、我演花旦，可說是最佳拍檔，她大學畢業報名託福考試時，排在前面一個女孩突然回頭說：「妳是周德禎嗎？我以前常看妳演戲，還有，妳的搭檔是林玲對不？」聽了學妹的轉述，我真是不相信，我們在師大唱戲，觀眾一向不算踴躍，什麼時候居然還跑出個「戲迷」來？不過，大二時，一次在校園遇到一位牽著腳踏車的男生問我：「妳是那個李鳳姊嗎？我不會唱戲啦！我現在要去打球。」原來他看過我演的《遊龍戲鳳》。想也知道我的大學生活是多麼多采多姿、自我陶醉了。

快畢業時，訓育組某老師突然通知我去找他，原來他選我擔任畢業生致答辭的代表，我著實感到意外，因為當時有許多眾所皆知的風雲人物經常參加校際辯論賽，是大家崇拜的偶像，我提醒這位老師應該找他們才是，我內向、不善交際，怎麼師長會認識我呢？後來他說常看我登台演戲，發現我台風穩、京片子脆亮，因為典禮地點在國父紀念館，博士班、碩士班、國專科一起畢業，場面盛大，還有從僑居地回國的家長，以及媒體記者，所以一定要找到一位不緊張、罩得住、身量又高的代表致詞，才不會砸場。實在有趣，這位師長被我的舞台形象所蒙騙，其實我是很靜的人，我也不知為什麼自己上台那麼鎮定。身量高，是因為踩「蹻」，至於京片子，那是唸戲詞時跟老師一個字一個音練出來的，平常說話根本不是那回事。我就這麼糊裡糊塗的被許以重任。

畢典當天，前座除了我，身旁是位博士班代表，後來才知是剛獲博士學位的陳品卿老師，他著實讚美了我幾句。那天的稿子是我自己寫的，經張宗良校長親自過目，後來同學都說很感人，最重要的是大家都覺得我唸起來真誠、自然、不肉麻，而給我一致的肯定。那天爸媽都來參加典禮，他們以我為榮。我就這樣過完繽紛燦爛的四年。

我的社團經驗彌補了我靦腆的個性，對我的教學生涯造成極大的影響，而且，擔任導師工作時，指導學生活動一點也不外行，往往樂在其中。感謝我的社團指導老師，感謝母校所有的師長，師大的老師真的很愛護學生，師大是所偉大的學校，我永遠以她為榮！

奉勸有志從事教學工作的年輕朋友，多方面的吸收學習，可以豐富自己的教學條件，有好幾把「刷子」才更能建立自己的教學特色，尤其在所學的領域中，進一步尋找研究的途徑，終身從事之，實在是件無限美好的事啊！

教學偶得

前言

教書多年有個習慣，就是喜歡針對課本上的難題不斷深入研究；爾後如有機會，再將這方面的心得整理出來讓大家分享。以下這個單元，零星收錄了一些和教學有關的資料，記得當初發表時，似乎頗受屬目，接到報社轉來的讀者來函時，尤其覺得受到莫大的鼓勵。一面教書、一面研究，誰說中學教師做不到呢？

宮調、曲牌及其他

——寫在師大附中劇曲研討會之後

一、古典劇曲推銷術

楊校長接長本校之後，立即責成教務處實驗研究組，協助各科辦理「學科主題研討會」，希望能帶動校園內之研究風氣。本人有幸承國文科同仁們之推舉，負責劇曲組座談會之主講工作。

接下這個特別的任務後，心中盤算著——劇曲教學可以辦得熱熱鬧鬧、有聲有色，也可以冷冷清清、虛應故事，只是，以少得不能再少的經費來看，除了講講話放幾卷錄影帶之外，簡直不可能再做什麼了，所以，太陽底下無新鮮事，何況聽眾的來源根本就有問題，因為座談會採自由參加的方式，老師和同學們大可不必理你，隨你怎麼說怎麼做都和他們不相干。左思右想，深覺不下一劑猛藥又如何救得了校園文化沉疴？於是不得已出了險招，牙根一咬，親自上台來一齣《牡丹亭・遊園》，等研討會序幕揭開之後，接著再進行學術性研討。

表演崑劇原非難事，只是方才說過經費短絀；最重要的是，離開師大後，已有二十多年未上舞台了，火爐旁邊的老婆子（我和飾春香的薛錦英分別畢業於六三、六四級），如何能載歌載舞，扮演舞台上的如花少女呢？不過，「戲」之所以好看，全在這些「問題」上面，何況，對自己的舞台根基尚具信心；果然，苦練一年後，終於達成這項不可能的任務。

或許是座談會設計的方式給了大家一個新鮮的期待吧？原本只有三百個座位的演奏廳，當天擠進了將近五百人，大家都想看看究竟會演什麼「好戲」出來；結果，崑劇之美征服了群眾的心，事後有許多同仁在驚歎之餘均表示和崑劇相逢恨晚。由於會場氣氛熱烈，我後來介紹古典劇曲的特質以及崑劇欣賞和國文教學的關係時，時間有些匆迫，不能悉數盡言，於是決定在紙上繼續探討一些問題。

二、宮調之由來

由於統編本高中國文第六冊選了高明的《琵琶記》，使得老師們在向學生解說宮調、曲牌的作用時深感辭費，儘管相關的參考資料不少，但是或多或少還是留下一些疑問空間。

講解宮調必先從五音十二律開始。十二律，一般說法是黃帝時樂官伶倫依據「三分損益法」，將竹管截成十二種長短不同但粗細相同的管子來，十二律包含奇數的陽六律（黃鐘、太簇、姑洗、蕤賓、夷則、無射），以及偶數的陰六呂（大呂、夾鐘、中呂、林鐘、南呂、應鐘），陰陽之分類只是取其奇數偶數排列而已，並無其他特殊含意；這十二管便可吹奏出十二種高低不同的聲音來，因此，十二律具有十二個絕對音高。而宮、商、角、徵、羽五音，是為音類的表記，是五個相對音高。殷朝以前只有五音，自周以來，加上變徵（又稱變）、變宮（又稱閏）而形成七音。若將宮音定在黃鐘律上，那麼其餘四音的音值也跟著確定；同樣，也可以將商、角、徵、羽等分別定在黃鐘律上，因此，用七音和十二律相配便產生八十四種調子，其中，用宮音和十二律相乘稱「宮」，用宮音以外其他音和十二律相乘稱「調」。北曲常用的宮調，宋時俗名曰：仙呂、南呂、黃鐘、中呂、正宮、道宮六種「宮」，以及大石、小石、般涉、商角、高平、歇指、宮調、商調、角調、越調、雙調等十一「調」，以上十七宮調中，歇指、宮調、角調都已有目無詞；道宮、小石、般涉、商角、高平曲牌甚少，在傳奇中往往不能獨立成套，因此，實際被運用的只有九種。南曲宮調有仙呂、正宮、中宮、南呂、黃鐘、道宮、越調、商調、雙調、仙呂入雙調、羽調、大石、小石、般涉等十四宮調，其中道宮、小石曲子很少，羽調也不能適用。正如眾所熟知的，每一宮調都有其不同之性質，北曲中，仙呂宮清新緜邈，南呂宮感歎傷悲等；南曲之中，黃鐘、正宮屬喜劇類，越調多屬悲劇，商調亦近悲劇性質。

三、宮調與管色如何相配

宮調除了具備不同調性之外，尚可限定樂器管色之高低。曲笛計有六孔七音。南宋以後，樂工習用上、尺、工、凡、六、五、乙，以為音階標記，相當於簡譜之1234567；按第一孔作「工」，第二孔作「尺」，第三孔作「上」，第四孔作「乙」，第五孔作「四」，第六孔作「合」，分別將第二、第三兩孔按住作「凡」，以上即曲家所謂之「小工調」，小工調介於西樂C調和D調之間，由於它高低適中，今之詞曲皆以小工調為準。笛色共七調，除上文所說之小工調外，以小工調之「尺」字作「工」字為「尺字調」，以小工調之「上」字作「工」字為「上字調」，以此類推，尚有乙字調、正工調（以小工調之四字作工字）、六字調、凡字調共七調。宮調所分配的管色如下：

〈北曲〉黃鐘　凡字調或六字調

仙呂　小工調或正工調

以下從略

〈南曲〉仙宮　小工調或尺字調

南呂　凡字調或六字調

以下從略

四、曲牌與宮調之關係

曲牌又稱曲調，係曲的固定格式，曲牌多至千種，分別隸屬不同宮調，今略舉一二如下：

一、仙呂宮所屬之曲牌：〈北曲〉有〈端正好〉、〈賞花時〉、〈點絳唇〉、〈混江龍〉……〈南曲〉引子曲牌有〈卜算子〉、〈鵲橋仙〉、〈鷓鴣天〉等；過曲曲牌有〈醉扶歸〉、〈皂羅袍〉、〈桂枝香〉等。

二、黃鐘宮所屬之曲牌：（北曲）有〈醉花陰〉、〈喜遷鶯〉、〈出隊子〉等……（南曲）引子曲牌有〈點絳唇〉、〈瑞雲濃〉等；過曲曲牌有〈出隊子〉、〈畫眉序〉、〈鮑老催〉、〈刮地風〉等。

五、曲牌與製譜

除了大家所熟知的，曲牌規定了句式、平仄等格律之外，每一曲牌皆有其固定之主腔，如〈山坡羊〉第四句之第五字，及第七句之第六字，陰平作「四上合四上」或「四上合四合」；陽平作「合四上合四上」，或「合四上合四合」，以上即為〈山坡羊〉之主腔。譜曲家得以不可變易之主腔表其曲牌風格，再以可變易之輔腔協其單字聲韻，遇主腔處，為節奏所限，不能增衍輔腔以協字音時，則單字音韻亦須遷就主腔，故曲之句法有可平可仄，必平必仄，可陰可陽，必陰必陽之別。譜曲的原則係「腔隨字轉」，四聲陰陽皆有固定之工尺，如陰平用「四」字或「尺」字或「工」字，陽平用「合四」、「上尺」、「尺工」等，故曲牌之定式，也等於決定了樂曲之旋律了，曲牌等於是樂譜，良有以也。

六、結語

以個人綿薄之力策畫了一場大活動，雖然得到一些友情協助，依然感到心力交瘁，但是，宣揚古典劇曲之目的得以達成，心中實有無限之快活；如今零星資料也已整理出來，更可說是「功德圓滿」了……

參考書目：

1.曲學例釋　汪經昌〈一九六二　台北：中華書局〉
2.顧曲麈談　吳梅〈一九六九　台北：商務〉
3.南北戲曲源流考　青木正兒〈一九六七　台北：商務〉亦可作：（原刊於國文天地雜誌86、12）
4.曲學入門　韓非木〈一九五七　台北：中華書局〉
5.戲曲叢譚　華連圃〈一九六七　台北：商務〉
6.曲律易知　許守白〈一九七九　台北：自印〉
7.譜曲初階　郁元英〈一九七七　台北：自印〉

（原刊於《國文天地》，86、12）

國文課中的劇曲教學

——寫在上海崑劇院校園演出之後

由新象文教基金會主辦的「崑曲美之旅」校園示範教學活動，五月十九日假北市中山女高禮堂演出最後一場，為期十三天，巡迴九所學校的崑曲扎根活動終告落幕。上海崑劇院此行推出的劇目為《占花魁》之〈受吐〉以及《琵琶記》之〈吃糠〉，筆者曾偕同本校學生前往聆賞，事後並彙集同學們的問題、意見和感想，權充作往後戲曲教學之參考。

有心人士促辦此次活動，旨在藉統編本高中國文第六冊最後一課《琵琶記》〈糟糠自厭〉，宣揚崑劇之美，並落實古典文學中劇曲之教學，細細探究，實有多重深意存在；然而時下年輕人對傳統戲曲多半欠缺概念，現場又受限於時間，使曾永義教授無法多做解說，致使學生在劇場關燈落幕時勃然興生的思古幽情一時無所依託，於是筆者才決定續貂以成此篇，期能傳達青年學子對傳統劇藝的欽慕，同時也藉機會解答一些疑惑。

學生的感想和建議照錄如下——

1.看完後，發現和自己的想像差很遠，也引起我對中國戲曲的興趣，這也是我第一次完整的聽完中國文學搭配中國音樂的演唱，感覺很好！

2.這次的活動真的很好，不如想像中的乏味，使我對中國戲曲改觀。

3.感覺很棒！簡單的舞台布置看起來很舒服。

4.原本是抱著好奇心觀看，以為崑劇和京劇相差無多。我覺得情節相當緊湊，較京劇吸引我。

5.配樂令人耳目一新，有笛子、琵琶等，非常悅耳。

6.我喜歡唱腔那種文雅圓潤的感覺，不像平劇尾音拉得很長又很尖。對不常接觸傳統戲曲的我來說，這次真讓我大開眼界。

7.場景不像西洋歌劇那般華麗，但演員一出場，整個舞台都鮮活起來，覺得不可思議。

8.演員一舉手一投足都很吸引人，必須目不轉睛的看，生怕一不注意就錯失精彩部分。看完後還想欣賞，覺得意猶未盡。

9.希望以後此類團體能常到學校演出；對了！不知本校可否獨力舉辦？

10.演出前後能否讓我們參觀後台化妝或服裝道具？

11.一開始聽說是崑曲便引不起我的興趣，若不是聽老師引導便喪失這次欣賞的機會，所以我覺得推廣介紹的工作相當重要。

除了以上，也有學生覺得花魁女醉酒時左右搖擺、弱不禁風的情態非常有美感，但卻認為四兒情挑秦鍾不成之後，應該帶著生氣和羞愧的表情下場，而不是喜悅地跳著退下。另有學生對於趙五娘嚥糠的痛苦印象深刻，但以為後來公婆搶奪米糠那一段流於爆笑而沖淡了悲劇氣氛。據筆者所知，國內目前已無任何職業或業餘劇團能將崑曲〈吃糠〉完整呈現於舞台，以往教《琵琶記》這課時，倒曾播放平劇〈趙五娘〉給學生欣賞，飾演趙五娘的魏海敏小姐深諳青衣端莊內斂的藝術性格，將史上留名的孝媳趙五娘溫婉堅忍、逆來順受的傳統婦德掌握得分毫不差，五娘可憐見的舞台形象已令人心生不忍了，到後來公婆爭相吃糠一段，戲劇張力驟升至最高點，頗有令人淚下的氣勢：此番上崑名旦張靜嫻小姐，將前齣閨門旦的柔媚詮釋得完美無缺，而在後齣〈吃糠〉中，提及婆婆誤會自己背後不知吃了什麼好東西時，牢騷怨意隱約可見，在「正旦」的行當裡間雜了一些「做旦」的味道，雖然後來飾趙公的計鎮華先生為了回應同學們的熱情而全力卯上，然而悲劇性已消減了部分，全劇竟意外地在學生的笑聲中結束，除了可能是未能準確估量台灣學生的程度所做的灑狗血式的演出之外，演員的唱做功力可以說是無懈可擊了。

其次是同學們討論之後所留下的疑問：

1.對崑曲和京劇的分野還是不很清楚。

2.既然京劇為繼崑曲之後所衍生出來的劇種，為何伴奏的樂器有所不同？

3.文武場是什麼？

4.靠近演員時才發覺他們的頭套並不精緻，但在台下觀賞時，整體的感覺很棒，是因為演員的關係嗎？還是燈光？

5.趙五娘窮得衣衫破舊，為什麼頭上還戴著亮麗的珍珠？

先解答文武場的問題。戲曲樂器分成文場和武場兩大部分，文場為管弦樂，武場為打擊樂，兩者合稱「場面」，由「打鼓佬」用鼓和板統一領奏，「打鼓佬」猶如樂團指揮，是戲曲進行時的靈魂人物。再談傳奇、崑曲、京劇的區別，《琵琶記》是四大傳奇之一，作者高明是元末明初人士，而崑曲興於明朝中葉，是目前所保留最完整而古老的劇種，崑曲未興之前北曲稱雜劇，南曲稱傳奇；崑曲興於嘉靖前後，它以南曲而鎔鑄了北曲的優點，在當時的中國形成了獨霸的局面。《琵琶記》傳奇如今獨留案頭劇本供人欣賞，其歌舞演出的形式已無法重現於舞台，而崑劇班所彩演之《琵琶記》則保留了傳奇的大量曲牌和曲詞，用崑腔演出《琵琶記》，我想距其南戲的原貌應是不遠才是；反觀平劇〈趙五娘〉，徒留《琵琶記》的故事罷了，劇本和原著相去甚多，因為崑曲係歷經元明雜劇和南北朝發展而來的「曲牌體」藝術，而平劇係由皮黃等地方腔調發展而出的「板腔體」音樂，故前者的腳本較近於傳奇。至於伴奏樂器原就有「南管北絃」之說，京劇伴奏以胡琴為主，崑曲以笛和笙為主，這也是兩者間的基本差異。當初由於崑曲的文雅精緻和曲高和寡，使其逐漸式微而入「雅部」，終被來自民間以皮黃為主的「花部」（又稱亂彈）所取代，皮黃因為發皇於北京，故又稱京劇，京劇吸收了崑曲的優點而壯大了自己，不過，由於平劇在形成和發展的過程中和崑曲長期同台「兩下鍋」，所以就服裝道具和部分演出形式看來，的確有一些不可分割之處，然而，在此次上崑演出中，赫然出現「京白」的運用，倒是特殊的現象，這種京崑混淆的情形頗值得注意。

順便提及傳統戲中的語言美，為西方劇戲所不及。我國各地方言原本存在著腔調優美的特質，除吳儂軟語而外，京片子脆亮，越語俏麗等，而戲曲中之韻白（即唸白中拉出長長聲音者）為語言「詩化」之現象。韻白是據湖廣中州韻發展而出之聲腔，是由每個字的聲母、韻母、尖團、四聲，經過極細微的回轉而形成的。瞭解此點後，將有助於年輕的朋友接受它。

至於人物造型和服裝頭飾方面：賣油郎的角色接近「窮生」，講究呆、縮、酸，和一般小生的風流倜儻有別；趙五娘是正旦，講究和婉嫻靜。最受學生歡迎的是丑行中的彩旦（四兒、王九媽），則講究詼諧幽默，他們的舞台動作雖較生活化、自由化，然仍須受一定的規範，通常必須具備深厚的文武功底子，否則將不倫不類甚至當眾出醜。此次婆婆的角色由武丑張銘榮應工，他在噓糠氣盡時使了一招「硬殭屍」，令在場觀眾看傻了眼而連聲讚佩。

頭飾方面：貧婦戴「銀泡」，一般婦女戴「水鑽」，貴婦戴「點翠」，趙五娘雖貧，但舞台上美的講求仍是必須的。古典戲曲要求做到「有聲皆歌，無動不舞」，一個小小的動作亦須舞蹈化、韻律化、節奏化，因此演員準確的手眼身法豐富了戲曲的舞台程式。同學們覺得整體的感覺很棒，演員的內在功力是主要原因之一。

隨著驪歌初唱，高中三年的國文課，將以燦爛多姿的古典戲曲作煞尾，也給原本即熱心於文化耕耘的國文老師們，增加了一項戲曲教學的新使命。令人慨歎的是，當初京劇取代崑曲，是因為崑曲高雅艱深而脫離了俗眾，而在如今聲光藝術驟興，傳統文化凋零之時，又來苦苦推動原屬雅部的弱勢文化，活動推展時所遭受的阻力，自是不言可喻了；幸而文教單位、學者專家、演員、學生熱情的襄贊尋回了傳統文化的尊嚴。有趣的是，青年學生接受了崑劇的文學性和音樂性，反倒較排斥文戲武戲兼備的京劇，這種現象若擴大下去，傳統戲曲發展到現代一頁，花部雅部的興替史，恐怕又要重新改寫了……

（原刊於《中央日報》長河版，84、6、15）

附錄：

讀者來函(一)

林老師：

拜讀大文〈國文課中的劇曲教學〉（刊84.6.15《中央日報》），深深佩服你用深入淺出的方法，解答了學生的疑問。（其實，這些問題，非僅高三學生的疑問，也是社會大眾很多人的疑團。）

他們的問題，經過你的解答，固然可以得到部分概括的瞭解，但如果要再深層的領會，恐怕就難了。佛家有「說食不飽」的寓言。再反覆來回的解釋，仍然無濟於事，必要自己親自去觀看。多看、多聽，自然就能了然於心。

我們作為一個崑劇、國劇的愛好者，很樂於見到你林老師再接再厲多寫一些通俗、淺顯的文章，向大家經常不斷的介紹，使這項不絕如縷的雅緻藝術，更能喚起大眾的認識。如能倡導成為「風氣」，那就「更上一層樓」了。文章能平易、通俗，必能更為吸引大家的閱讀，先把他們引進入來。進得門來，自然就會有興趣。愈看愈妙，便會愛不釋手。我們盼望你登高一呼，大力提倡。

我記得，小時候，在二、三歲的時候，便騎在老爹的頸上，到田間看野台戲，台上的演出，一句也聽不懂，鑼鼓喧天，吵得半死，真是「鴨子聽雷」。可是，在六、七十年後，多看、多聽之後，便已割捨不了。颳風、下雨、雖在重病掙扎之中，一聽鑼鼓一響，便把老婆、兒子全忘了。你說癡也不癡？

但願林老師能接受我們的建議，再寫一點這類文章，甚至積多了一些篇幅，出一本專書來向大家推廣。

我們老朽垂死之人的建議，林老師聽得進去嗎？

向你致敬，向你讚美！

薪火相傳，此之謂也。

老殘山人　敬白

八十四年六月十五日

林老師：

拜讀大文《國文課中的戲曲教學》（刊84.6.15中央日報），深深佩服你用深入淺出的方法，解答了學生的疑問。（其實，這些問題，非僅高三學生的疑問，也是社會大眾很多人的疑團）

他們的問題，經過你的解答，固然可以得到部分概括的了解，但如果要再深層的領會，恐怕就難了。佛家有「說食不飽」的喻言。再反覆來回的解釋，仍然無濟於事，必要自己親自去觀看。多看、多聽，自然就能了然於心。

我們作為一個崑劇、國劇的愛好者，很樂於

■讀者來函手稿（部份）

三曹三蘇 也是文壇領袖

九十三年大學學測國文科的選擇題數題有瑕疵，最嚴重的是多重選擇第二十題「三曹、三蘇六人都是當時文壇領袖，他們門下都有眾多追隨者，形成多元的創作風格。」無論就哪個角度來看，這樣的敘述應該無誤，而標準答案竟然加以排除。茲將此答之正確性說明如下：

一、三曹居政壇高位而兼擅詩文，父子三人均為傑出詩人，為建安時期文壇主盟，下有一班文人如建安七子之輩時相追隨，文學史上早有定論不容懷疑。

二、歐陽修知貢舉，識拔蘇軾時即說過：「吾當避讓此人出一頭地。」三蘇獲提拔後，北宋文運遂宏開，文壇氣象一新，愛好古文之士，莫不以蘇文為典範，「蘇文生吃菜根；蘇文熟吃羊肉」。三蘇的出現，改變了由歐陽修等江南士人奠定的文學發展方向，展開了詩文革新，「蘇軾時代」於焉開始。

三、在「師友集」中，東坡嘗言歐陽修將文壇主盟之責交付他，他也以此任期託後人。可見得所謂「文壇領袖」並非永久不變的實際職位。何況題目考的不是「古文領導人」。

四、蘇門四學士、六君子即受蘇學影響之顯例，其中黃庭堅是江西派首領，秦觀、晁補之長於議論，蘇門人各有體，因而形成多元創作風格。蘇軾父子在政治上是弱勢，在文壇上卻是無比強大，其文學思想與風格在北宋足為領導無庸置疑。

有些事實不能用簡陋的是非二元論予以否定，除非主考者希望回復到以前傳統不良的命題方式，將學生的思考限制在一個又一個「名詞」、「定義」、「框架」之中，是故選此一選項者遭到扣分實在冤枉。

（原刊於《中國時報》，93、2、17）

附錄：

讀者來函(二)

林玲老師道鑒：

拜讀您二月十七日投書於《中國時報》時論廣場「三曹三蘇也是文壇領袖」一文，感到十分有意思。

檢附本人去年八月對軍校學生演講「武人的文質：善戰者的心靈修養」簡報一份，請您卓參指教。期待來日有更多機會分享您的看法。敬祝

愉快

國防部軍政副部長

林中斌　敬啟

中華民國九十三年三月十五日

附錄：中副時論方塊壹

還是讀書最重要

謝鵬雄

在我們的感覺中，國中剛剛畢業，正要考入高中讀書的少年，其生活中，沒有什麼事是比讀書更重要的了。

但今年（一九九六年）高中聯考卻出了一個作文題「比讀書更重要的事」。不知出題的老師，心中以為什麼事情會比讀書更重要？理論上，作文題目只是提出一個問題，讓考生來申論、討論、議論、發揮成文章，以便測試其文字的能力，表達的效率，與見解的深淺。因此，一個題目所提出的命題，作文者可以贊成它，順著題旨發揮；也可以反對它，提出反駁的議論。不論贊成或反對，只要議論可觀，文字順暢皆可求得高分。然而這理論比較可以適用於成人，不易適用於中學生——尤其不適用於參加考試的中學生。

因為題目的口氣似乎已經肯定世上有「比讀書更重要的事」。命題如此，受考試的人唯恐文章不中試官的意，誰敢反對？誰敢提出反駁的議論？勢必要往肯定的方向去作文章。但事實上，什麼事比讀書更重要？讀書若非最重要，那又何必來考高中？這豈非強人所難？如果題目是：「讀書是不是最重要的事？」其題旨是開放的，考生自然可以自由選擇正反兩面的方向去發揮。但如此咬定有比讀書更重要的事，實在是對學生的一種反教育。

在哲學理論上，讀書是否為最重要的事，可能有討論的餘地。但今日我們站在教育的立場，勸學生讀書，還唯恐說服力不夠，怎忍以相反的題旨來打擊他們對讀書的信心？倘若題目是「比賺錢更重要的事」，暗喻讀書比賺錢更重要之意，讓學生去議論讀書之為何比賺錢更重要，庶近乎勸人讀書的意思。在文明的社會，不但對中學生而言讀書最重要，就是對成人而言，讀書也差不多比大多數事情更重要。這樣的題目，實在令人費解，令人啼笑皆非。

也許，每年要出個作文題，還要讓諸多補習班、考生事前猜不到，選擇上也甚困難。但天下可論之事甚多，作文也不一定要作議論文。隨便出個可以海闊天空去申說的題目，並不困難。何至於出個貶損讀書的重要性的題目！

本刊（中副）曾接多位讀者來電話，咸盼今年北市高中聯考國文科試卷命題老師，寫一篇文章申論「比讀書更重要的事」，藉解答考生及考生家長的疑慮。不知該命題老師可否從善如流，撰寫這麼一篇文章，寄交本刊發表，謹此致謝。（編者）

（原刊於《中央日報》副刊，85、7、12）

附錄：中副時論方塊貳

「比讀書更重要的事」是什麼？

簡恩定

在民國建立以前，讀書，似乎是中國人博取功名富貴的唯一方式。書讀得好，經由考試，可以為官，為官就是有功名，富貴通常便隨著而來。這種風氣由於綿延久長，使得「讀書人」在中國舊社會中，變成一個特殊階級，一般平頭百姓都會對之禮敬三分。因為今天的落魄書生，可能會變成明天的「老爺」，與其應對交接，豈可不稍為禮敬！

當然，大家應都知道，讀書的目的並不只是出仕為官，也是培養一個人立身行世風範的來源和基礎。不過就實質的利益而言，功名富貴的誘惑更大，所以讀書以求得立身行世風範的重要性，便相對地降低。民國建立以後，博取功名富貴的方式逐漸多元化，讀書一途，在世俗的眼光中，重要性便遠不如從前。不過儘管如此，中國社會中講求文憑的風氣卻不曾消失，所以讀書的重要目的，便由原來的博取功名富貴，轉化為求取文憑。求取文憑雖不能保證得到富貴功名，但是在一個重視文憑的社會，沒有那張文憑，對初出社會的年輕人而言，等於沒有工作許可證，也就很難獲得一個如意的工作，生計馬上就會有困難。在這種風氣中，所謂的「讀書」一事，我們期待年輕人會以什麼樣的心態來解讀它？尤其是一個十五、六歲的國中畢業生！

今年（一九九六年）北區高中聯考的國文作文，以「比讀書更重要的事」為題；題目公布之後，許多官員、學者、教師都一致認為題旨清楚，可以使應考的考生充分發揮：比方說只會讀書而不懂得做人之道，則讀書何益？只會讀書而不關心社會民生，則讀書何益？只會讀書而沒有國家觀念，則讀書何益等等，都可以當做成作文內容來加以論述。這些內容如經詳細闡述，相信會出現頗為精彩的觀點。問題是：在一個十五、六歲的國中畢業生的心目中，所謂「讀書」，到底意味著什麼？而出題的先生對「讀書」的解讀又是如何？兩者之間對「讀書」含意的理解是相同還是相異？

以現今台灣的國中教學內容而言，可以說多數是為升學而設，也就是我們常常聽說的「考試領導教學」，所以對一般的國中生而言，所謂的「讀書」，讀的就是教科書，目的是為了在高中聯考中求得優異的成績，以進入較好的高中（最好是明星高中）就讀。為什麼要進入較好的高中？因為如此一來，上大學的機會就大增；至於上大學的目的是什麼？當然是為了取得一張方便就業的文憑。所以結果仍然和舊社會大同小異，只是舊社會讀書的目的在於博取功名富貴，現在則是為了求取文憑以方便謀職。在這種情況下，我們希望這些十五、六歲的孩子，如何去闡述「比讀書更重要的事」這個命題！再就出題的先生而言，如果認為「比讀書更重要的事」，指的是如同上述所言：做人的道理、關心社會民生、有國家觀念等等，試問這些內涵不就是透過「讀書」學得的嗎？既然如此，「比讀書更重要的事」是什麼？於是我們認為，北區高中聯考之所以出現「比讀書更重要的事」的作文題目，正在說明一個訊息：即使是命題老師也認為，當今社會中（尤其是學校教育）所謂的「讀書」的內容，似乎並不以學習做人的道理、關心社會民生和培育國家觀念為主，否則如何會出現此一命題？所以，若要回答「比讀書更重要的事」是什麼？正確的答案應是：趕快重新檢討我們的教育制度和教學內容。

本刊（中副）曾接多位讀者來電話，咸盼今年北市高中聯考國文科試卷命題老師，寫一篇文章申論「比讀書更重要的事」，藉解答考生及考生家長的疑慮。不知該命題老師可否從善如流，撰寫這麼一篇文章，寄交本刊發表，謹此致謝。（編者）

（原刊於《中央日報》副刊，85、7、13）

回應：中副時論方塊參

讀書？飆車？賺錢？

——北市高中聯招閱卷有感並回應謝、簡兩位先生

林玲

每年都參加北市高中聯招作文閱卷工作，十多年來幾乎從未間斷，今年當然也不例外；然而，四天下來，看完近千份的卷子後，心中說不出是憂是喜。

今年的作文題目是「比讀書更重要的事」，無論各界對它的評價如何，至少它像一面鏡子一樣，照出了所有新新人類種種不同的讀書觀，其中有的令人拍案稱絕，有的卻叫人啼笑皆非。

筆者任教的學校負責男生組總閱卷工作，在制訂作文評量表時，為了維護考生的權益，可以說是盡了非常大的努力。首先，在確認「讀書」一詞的義涵時，並無立場之設定，你將「讀書」視為「考試」或「成績」，甚至是「升學」的代名詞也好，或者指的是廣義的求知、做學問也好，只要能扣定題目一路抒發，都能獲得不錯的成績。另外，所謂「比讀書更重要的事」，無論寫的是讀書以外更重要的事，或者是讀書之後更重要

的事，閱卷的老師都樂意用心去傾聽，畢竟，我們想知道的是小朋友們是否可以透過文字，將自己內心的語言順利發表出來，並非想根據一個奇怪的題目去求全責難。不過，於閱卷而言，最重要的是「鑑別」，而「優勝劣敗」難道不是考試制度的精神所在嗎？不幸這個題目鑑別度相當高，不但可以測出孩子們修辭立意的高下良窳，甚至連平日父母所施的家庭教育，學校中老師所灌輸的點點滴滴，都毫不留情的一併浮上枱面，做最原始的呈現，所以，假如這個題目真是一面鏡子，那無疑是一面令人顫抖的明鏡！

你看！十四五歲的孩子，已被大人附身了——

讀書是為了立足，為了生存，為了賺錢。

在這工商發達的社會中，學歷往往是個金牌，有了較高的學歷，在任何方面總是很吃香。

有什麼比讀書更重要的呢？應該還是讀書吧？因為讀書能勝過一切，將來「背景」好，能找到輕鬆且薪水高的工作。

以上都是「國家未來的主人翁」說出來的話，不過，倒有一位自稱是生長在「醫生世家」的考生，他說自小被教導的觀念是：健康第一，品德第二，讀書第三。

還有一位考生忿忿的說：讀書只是一種使父母高興的工具罷了。

除了閱讀現代《儒林外史》之外，改考卷時也很容易看到某些家庭的「血淚史」，有位考生在卷上寫著：在我心中，除了賺錢最重要之外，我想再也沒有什麼是更重要了，因為在這個現實的社會中，幾乎樣樣都要錢……

原來這位考生的爸爸所經營的公司因為經濟不景氣而倒閉了，後來在友人的幫助下，轉往大陸重新創業，本來做得有聲有色的，突然有一天一把無名火燒光了他們所有，一時風雲變色，全家因此而幾乎無法生活。他的結語是：「爸媽的一生已經夠辛苦了，以後，我要賺大錢來侍奉他們。」真是令人不忍卒讀。

還有一位考生的奶奶病危時，因為學校正值段考，爸媽怕耽誤他功課，不許他到醫院探視，結果連奶奶最後一面都沒見到，他在考卷上不只一次的寫著，讀書真的這麼重要？比生命還重要嗎？

最令人驚嘆的是：「讀書，其實是為了什麼，到今天，已變成一個非常複雜的問題，到底為了什麼？為聯考？為前途？為事業？這是現代一般人的心態，殊不知人類之所以重視教育，乃是為了承傳知識、累積經驗，甚至在文明之上精益求精，創造出更輝煌的成果。」因為這位考生認為，比讀書更重要的事莫過於去真正瞭解讀書的目的。

除此之外，尚有許多警句，如：

一個人除了讀書之外，更要有為大眾服務和報效國家的決心。

我們一生所要做的事太多了，不單是讀書而已。

我們生活在世上，不只是為讀書而活，而是要對自己的生命有所認知。

讀書固然重要，但必須知道如何學以致用，把學到的東西應用到日常生活中。

讀書人雖然飽讀經傳，四書五經盡在腹中，若沒有高尚的情操，堅守道德，反而成為國家社會的負累。

三日不讀書，則面目可憎，但一個沒修養的人看起來更令人討厭，像是那種坐在豪華轎車中往外扔垃圾的人即是。

我最欣賞的是：

飆車族的年輕人，在路上擾亂交通，傷害行人，其根本原因，是他們認為讀書最重要，但自己卻不想讀書，只好飆車尋一時的快感。

飆車族之所以恣意飆車，不是因為他們認為讀書不重要，而是他們誤以為讀書最重要，偏偏自己又不愛讀書，於是就自己給自己判了死刑，每天過著行屍走肉的生活。如此飛騰變化的文筆，怎不令人愛不忍釋？又怎不令人怵目驚心呢？

餘如：「也許我們背熟了整張地圖，但不能保證我們不會在台北車站迷路。」也是說明生活中的實證，其重要性並不亞於讀書。

有些人擔心出這樣的題目太高估這些孩子，我在想，我們這些大人到底是高估了這些孩子，還是太低估了這些孩子？有一位考生寫著：春聽鳥囀，夏聞蟬鳴，秋賞楓林，冬看白雪，瞭解大地化育萬物的本心，也是一件比讀書更重要的事。如此的清辭麗句實在令人陶醉。

以上這些句子，都是閱卷時一點一滴抄錄下來的，足見閱卷的老師也有很多是很用心的吧？一句一句加在一起，不知道會不會比命題老師親自寫一篇範文更逼真，更生動？不過，假如本文尚不能解答家長們的疑慮，也可以建議聯招會公布得分最高的優良作品，一來表示鼓勵，另方面也可以提供給大家參考。

閱完卷後，深覺孩子們的心靈還是稚弱得沒有足夠的力量去分解科舉餘毒，又怕他們在瞭解讀書的妙趣之前，已承受太多來自讀書的壓力了，於是那夜，我們家充滿的聲音是——

比讀書更重要的事是親情……

比讀書更重要的事是吃水果……

比讀書更重要的事是早早睡覺……

（原刊於《中央日報》副刊，85、7、18）

後記

那個年代，《中央日報》副刊一直居文教界的龍頭地位，不看中副，幾乎等於不學無術。民國八十五年七月，高中聯考剛過，中副時論方塊連續刊登了兩位教授對作文試題的負面評論。文末的編者案，又一再轉達了洶洶眾議，讀者不斷反映作文試題出得有問題，咸望命題老師寫出一篇範文來，否則頗有眾怒難平的意思。當年負責命題的不是我任教的學校，我們僅主辦閱卷工作，所以，這場筆墨官司本不關我的事，但我看到「社會各界」的評論似乎有一點過度，覺得作文題目雖有小瑕疵，但命題的立意尚可取，何況考生的卷子中不乏佳作存在。我當時「年」雖不輕，但「氣」仍盛，就不計後果自投羅網代人受過去了，幸好我的文章登出後，一直沒再出現批評反對的意見，大概他們看了也覺好笑，只好默默接受了，是耶？非耶……？

林　玲

委婉動人的〈與元微之書〉

我國的郵驛制度，始於秦始皇開闢馳道。唐元和十年，白居易貶居江州時，元稹亦已左遷通州，一在江西，一在四川，雖然兩位詩人不願如此離闊，依然以書信觸動彼此的心靈，可是卻累煞了傳書遞信的信差。

統編本時代，六冊高中國文課本，幾近百篇的章作之中，除了詩詞之外，抒情文所佔的數目不及於八、九，而且，在這寥寥數篇佳構當中如〈岳陽樓記〉、〈始得西山宴遊記〉等，即使就其內容而言，亦不能純以抒情文視之；而〈出師表〉、〈陳情表〉和〈祭十二郎文〉三篇文章，自古雖有「抒情的傑作」之譽，但是，前二者以「忠」和「孝」為內涵，這在國文教學中已非新調，而後者以祭文的體式出現，投諸學生們有限的生活經驗之中，也似乎缺少共鳴，因此，唯有白樂天的〈與元微之書〉，係以友情為基調，以信箋為形式所譜成的心曲，這篇無比珍貴的「抒情」之作，廁身在琳琅滿目的課文中，也堪稱國文課本裡的吉光片羽了。

誠如上述，本文既是一篇得之不不易的抒情散文，於是，在講解辭意而外，不妨以「情」字為主線，再拓展出自己的教學空間來。此點，可經由以下二途來達成目的——

壹、進行情意深究之前，盡好「知人論世」的工作。

高中學生正值十六、七歲的年齡，他們雖然重視自己的同儕關係，但是，對於「知交」的定義，往往又模糊不清，因此，期望學生不經引導，便能歌詠嗟嘆元、白之間的深情，這何嘗不是一種奢求？所以，本文的情意深究，最好能植基在對元、白感情基礎的認知上面。

白樂天與元微之之間深篤的友情，乃源自於許多的巧合和不幸，簡單的歸結起來，可用童謠似的文字說明：「同年登進士，同為校書郎，同時中制舉，同倡新樂府；一起任諫官，先後遭貶謫，皆放州司馬，人生際遇仿。」

在芸芸眾生當中，想找到一個生命軌跡如此一致的朋友，也似乎並不容易！

根據白氏所寫的〈元公墓誌銘〉，元稹並非漢人，而是出自北方鮮卑族的拓跋部；在友情的天秤上面，這一點可能不十分重要，但是，若據以說明元稹較白居易躁進的個性，或許會有一些相關的價值存在。

這兩位初出茅廬的青年，一起在秘書省校書的時候，白居易曾經寫過這麼一首詩贈送元稹，當中有幾句是：「自我從宦遊，七年在長安；所得唯元君，乃知定交難。」從詩句上推敲，白居易的朋友出奇的少，他的精神領域，恍若一片孤獨的世界，但是，他和元微之的交往卻是熾熱而奇妙的，白居易的弟弟白行簡曾經寫過一篇短文，短文中提到兩個人奇特的心電感應——

元和四年，元稹以監察御史的身分出使外方。有一天白居易和白行簡同遊曲江慈恩寺，是夜並至修行里晚餐，而且飲酒甚暢，古時的交通工具是無法準確計算日程的，而在酒宴之上，白居易忽然停杯作深思狀，然後肅然對同座諸人說：「微之當達梁矣。」接著又在壁上題詩一首：「春來無計破春愁，醉折花枝當酒籌。忽憶故人天際去，計程今日到梁州。」在這首詩下面，白居易還寫明了日期，過了十餘日，奇蹟發生了，白居易收到元稹從梁州發的一封信，述說自己赴梁途中作了一個夢，夢見白居易在曲江飲酒，而且還附上〈記夢詩〉一首：「夢君兄弟曲江頭，也入慈恩寺里遊。屬吏喚人排馬去，覺來身在古梁州。」類似現代通靈的事情，竟然發生在這兩人身上，真是叫人不可思議。

現在，再回到元和元年。這一對知交，以優異的成績雙雙考中制舉之後，在元和元年和三年，又分別受命為左右拾遺。爾後，兩人決定以直言的方式，表現他們的從政風格。諫臣的工作猶似「賣命」一樣，白氏新樂府中有一首〈太行路〉，詩中無非是形容人生的道路是如何地險惡，接著又提到：「近代君臣亦如此，君不見，左納言，右納史，朝承恩，暮賜死。」

很顯然，白居易口中「朝承恩、暮賜死」的生活，反倒促使元、白對政治更加熱心地投入，也或許是受到儒家「匡濟」思想的牽引，使得白居易在諫臣的職守之外，又瘋狂地發揮了《詩經》諷諫的精神，這段期間，他繼續從事「諷諭詩」的創作，把自己對於社會和政治的批判，寫成了無數鋒利的詩句，以企圖上達於天聽，於是，「聞〈秦中吟〉而權豪貴近者相目而變色，聞〈樂遊園〉則執政柄者扼腕」；而元稹的行動更加強烈，根據《舊唐書．元稹傳》的記載，元氏在元和元年擔任左拾遺之後，便表示自己「不想庸庸碌碌，停滯不前」，而往往「事無不言」，他曾經接二連三激切地上書。年輕的憲宗對這兩個人是又愛又恨，而朝中群小，卻沒有一個不對他們恨之入骨的。當然，這種執意無悔的癡傻，也使得他們從瓊樓玉宇，一起滾落到萬丈紅塵。

元稹被貶為通州司馬，是在元和十年的三月；而同年六月，白居易也被放逐到江州做司馬，誠如白氏所描述的，「司馬」是人間冗長官，而遭憂的遷客，又何嘗不是「傷鳥有弦驚不定，臥龍無水動應難」？落難的白樂天，曾經在元和十年十二月寫下〈與元九書〉，在這封信中，他毫不屈服地重申諷諭詩的價值，不過，寫完此詩之後，白居易卻再也不曾寫作這一類的政治詩了，他頻頻到寺廟中參拜，他訪問過陶淵明的故宅，他築起了廬山草堂以寄興遣懷，他甘於「吏隱」，過著自由閒散的生活，遷貶江州，可以說是白居易的生命當中，一個十分明顯的分水嶺。

探究了元、白多重又複雜的感情根源之後，不妨也替〈與元微之書〉這篇文章作個定位。本文寫作的時間較前一封〈與元九書〉稍晚，是在元和十三年寫成，當時〈琵琶行〉和〈廬山草堂記〉都已寫成，詩人的生命情調已轉趨恬適澹泊，假如能掌握到這一點，將有助於了解他在書信中，以「泰」字自寫懷抱的動機了。

貳、引導學生進行抒情文的鑑賞，藉以透視文中的感情世界。

梁啟超在〈中國韻文中所表現的情感〉一文中，認為發抒情感的方式有三：一是奔迸的表情法，二為迴盪的表情法，三是含蓄的表情法。

以奔迸法寫作，則掩不住的情潮，沛然自肺腑中流出，猶如狂瀾巨波一般。以迴盪法抒情，須先使深情盤結於胸中，再像春蠶抽絲般將它抽出，甚至可以利用「曼聲」、「促節」的效果，使文章久久激盪，多一層曲折。而含蓄的表情法，則是以含蓄不盡之筆，來造成情意的婉約和深入。

〈與元微之書〉一開頭：「微之，微之！不見足下面已三年矣，不得足下書欲二年矣……」熱情奔溢，是奔迸兼迴盪筆法的充分運用。文章中幅，為了寬慰知交而以「三泰」相告，正合於梁氏所言的婉曲含蓄之筆。而文章的結尾，敘述作者在以「三泰」寄情之餘，又乍然湧現塵念；以及篇末，以「微之，微之，此夕此心，君知之乎？」作結，可說是真正達到了「句絕而意不絕」和「語近情遙」的要求，以上，更純然是迴盪兼含蓄筆法的再現了。講解文章時，不妨將抒情文種種不同的風貌，略作分說，如此必可增廣讀者欣賞的角度。

其次，抒情的文章，善用「對比」才能增加感傷，適度的感傷，可以幻化出無窮的新意、曲意和深意。「人生幾何，離闊如此」是時間的對比。「以膠漆之心，置於胡越之身」是空間的對比。而「金鑾殿後」和「廬山庵里」，又何嘗不是今昔滄桑之比？還有，「借景增情」的作法，在抒情文中深具價值，其中寫景是「實」，寫情是「虛」，以虛實相對比，可以化景物為情思。以上種種對比的手法，在本文中時或可見，只要稍加點化，就能使學生在進行習作之時，進一步揮灑出一片有情的天地來。

另外，為了收到往復回環的效果，在抒情文中，往往疊語重言，在這封書信當中，此點倒是十分明顯的。

白樂天的〈與元微之書〉，雖然沒有綺詞麗句可資欣賞，但是，只要提醒讀者，對於特殊的抒情語言，以及文章的情味多加玩索，相信是可以增添許多閱讀的樂趣的。〈與元微之書〉的內容，究竟不脫一「情」字，而根據它的形式來看，又是一封不折不扣的書信，因此，第二單元，我想討論一些書信方面的問題。

國文課本當中，選錄的書信不在少數，而歷代書信款式，又是渺遠難知。為了方便教學，我曾經在教育部發行的高中國文教學錄影帶中，配合照片和實物，嘗試性地做了一個「書信探原」的專題，在此，就不準備再用平面的文字加以複述。倒是有關遞信的問題，在此可以重申──

我國的郵驛制度，始於秦始皇開闢馳道。古代五里設一「郵」，十里設一「亭」，三十里設一「驛」；驛站的設置，是專供傳遞官方文書之用，也可以讓驛使和來往官員歇腳。在從前，私信是不能交付驛使的；唐律中曾經明文規定：「不應遣而遣驛者，杖一百。」不過，自古以來，官員以私信託驛使寄遞之事，亦難免有之。例如《晉書．陶侃傳》中，有「遠近書疏，莫不乎答」的記載，足證私信託驛的起源甚早。

當時白氏貶居江州（也就是江西的九江），而元氏左遷通州（相當於現在四川達縣）。根據「唐代郵驛交通圖」所顯示的，從九江到四川的奉節、萬縣，都在唐朝的驛程當中，元稹和白氏酬答的作品，以及來往的信件，很可能私下交託驛使代致。但是，從萬縣到達縣這一段，就完全不在驛程的範圍以內了；蜀道本不易行，若要取道水路，又要繞上好大一圈。三年當中，兩位詩人，不斷地吟詠出相同的人生曲調，並彼此觸動心靈的弦歌；說真的，這數百篇作品，要送到元稹的手中並非易事，即使元、白的深情一如桃花潭水，而難道不是累煞了這中間傳書遞信的人嗎？這一點實在令人玩味……

（原刊於《中央日報》長河版，80、4、30）

我怎樣教〈陳情表〉

——兼談教學錄影帶的製作

在文評家有意的誇大之下，讀〈出師表〉不哭者即為不忠，睹〈祭十二郎文〉不墜淚則為不慈，自然，聞〈陳情表〉而不涕泣者，就算是不孝了。〈出師表〉和〈祭十二郎文〉這兩篇文章，學生們在高中一年級的課程中已經學習過了，當時，我曾詢及他們的感想，孩子們乍聞墜淚之說，無不哈哈大笑，因此，今年，預備教授〈陳情表〉時，我只好用開玩笑的口吻說：「不忠不慈，枉在世上為人。現在，你們只剩最後一次機會了……」

「下士聞道，大笑而走」。今日的學生，明日便是國家優秀的人才，資稟個個在中等以上，他們之所以發笑，其實是因為不明白：所謂的「流淚」，不過極言其感動罷了。不過，或許是時代風氣使然吧？年輕人，總是很粗率地將忠義孝悌一類的字眼，和「封建」一詞，做一理所當然的聯想，聯想的過程中，經常是少了些嚴密的思辨，所以，教師們在處理此類課文時，必須運用智慧和巧思，為學子們做一番心靈的洗滌，期望他們明心見性、不染塵見。不過，這種工作，做起來並不輕鬆，幸而，「孝」，是人類天然的情操，所以，講解〈陳情表〉時，若能跨越古今的鴻溝，擺脫文字的包袱，應該可以使學子們悠游在情感的河流裡，即使不一定望文而拭淚，至少，也會激起些許的共鳴吧。

因此，當師大國文系，通知我負責本課錄影帶的腳本編寫工作時，我決意拋棄製作單位所習慣採用的歷史劇演出方式，而改以較純然的寫實鏡頭，來喚醒同學們潛藏在血脈中的孝思。

在寫作的過程中，爲避陳腐而費盡心思

其實，在如今的社會中，由於父母雙忙，有部分孩子是祖父母帶大的，祖孫之情，對某些孩子而言，應該不全然陌生才是。在職業婦女驟增的情勢下，有些祖母，幾乎完全取代了母親的角色，假如從這一點上面去尋找，作者和讀者的心，也該很容易契合才是。

於是，我的腳本設計，是由音樂和朗誦詩開端。在音樂聲中，女聲輕誦：

是深刻的愛，使您滿臉紋皺？
是沈重的情，使您背脊彎駝？
作別了青春，
不能作別的是生命中的擔子；
消逝了朱顏，
不曾消逝的是懷抱裡的溫馨。
於是，
沙啞的喉，把搖籃曲再唱一遍，
沙啞的喉，把搖籃曲再唱一遍……

以上是「聲部」。在「影部」方面，我建議製作單位能到戶外拍攝幾段現代祖孫圖。然後，當聲部朗誦到「深刻的愛」，就特寫老人臉上密佈的皺紋；「沈重的情」，則配以馬路上、公園裡老人家背孫子，或帶著孫子上學的鏡頭；「懷抱裡的溫馨」，則出現老人家摟抱著孫子的畫面。因為，在詩中，「深刻」、「沈重」等詞，意屬雙關，沒有影像的效果，則襯托不出來。另外，為了凸顯一些祖父母，在撫育兒女長成之後，接著撫育孫輩的辛苦，當聲部出現「沙啞的喉……」一句時，我希望能特寫老人推動著搖籃的枯瘦手部。

在我想來，除了最後一鏡頭需要特別安排之外，其餘的部分，即使剪輯不到這樣的影片，只要上班時間到公園裡走一圈，大概一天半天即可拍攝完成，不但費時不多，而且透過清新的手法，對於孝思的重建，應該會有一些作用才是。因而，在腳本上我不止一次地註明：「請拍自然寫實鏡頭，不要請演員來演戲。」

在前面數十集中，學生們已經看倦了臨時演員不太高明的演技，因此必須換一種方式呈現。何況，教學錄影帶的作用，和在課堂上講課並不相同。發揮他所獨具的視聽效果，才能更深刻地引起動機，達成在教室中不易達成的目標，這是我一點膚淺的看法。

結果，腳本到了製作單位手中，在未曾與原作者商量的情形下，劇中人物還是千篇一律地穿上廉價的古裝戲服。當字幕打出「十二課〈陳情表〉」之後，螢光幕上即刻閃現一位中年的大胖奶奶，背著小李密跳過來跳過去顫動著肥胖身子的鏡頭。對於這樣的安排，我不曉得學生們猛然一見，會不會再一次啞然失笑而無心去體味詩的內容，不過，記得當我在力爭無效後，驚訝地看到這一幕時，當場差點沒有滿面流淚……至於後面精心設計的「答客問」，就更是不堪一提了。

寫作的動機，在一切求方便的前提下不被顧及，這一點相當令人苦惱。而教育部當初付出鉅資，籌劃拍攝教學錄影帶，原意即在打破國文教學上的老套，但是，國內的業者，一向視教學節目為次級品；很難做到像日本那樣——只要和教育下一代有關的事項，包括校舍的興建等，都是傾注眾力，優先做最佳的安排。

雖然在〈陳情表〉之外，仍有許多課文幸遇有教育理想的導播，終而得到令人滿意的結果；但是，並非每一課都是這麼幸運的。

影帶的使用必須講求方法，建議教部加製各課簡介

儘管影帶的拍攝，並非課課盡善盡美，但是，影帶中仍有很多資料具備參考價值。何況，採用視聽設備來活潑教學內容，幾乎已成潮流之所趨，國文科勢必無法獨守陳法。再說，兩年前，教育部早將這套教材寄贈全國各所高中，而且據我所知，有一些設備完善的學校，已經或斷或續地在使用之中，所以，我想集合眾見，針對使用時已經遭逢到的一些問題，提供教者一些微不足道的小意見——

一、由於教學時數原本不足，所以，大可不必每課都以影帶來輔助教學。大約一學期中，挑選二至三課欣賞便已足夠。

二、為了更進一步掌握教學時間，教師在播放之前，必須事先了解這集影帶的內容。影帶中已有的資料，課堂上便不必費時講述，以避重複。

三、預先提示學生幾個觀賞重點。必要時可事先根據內容，製訂幾道題目，請同學在欣賞的過程中自尋答案，以供事後備詢或討論之用。

教學媒體的運用，並非將學生帶至視聽教室，然後開關一按便萬事OK，如果採用此種方式教學，不但秩序不易控制，而且效果有可能呈負面出現，俟師生們走出視聽教室時，恐怕會抱怨連連，爾後，又忙著回到傳統教學的老路子上去了。不過，國文老師們的負擔一向為各科之冠，一時之間想將每課錄影帶都事先看過一次，幾乎是不可能做到的事，因此，我建議教育部中教司，另斥薄資，聘請專人負責，為這套出爐不久的教學錄影帶，編寫一份各課簡介，屆時，老師們便可憑藉著這份簡便的書面資料，來計劃下一步的教學活動了。

以上都是教學的外圍問題，現在，再回到〈陳情表〉本身——

武帝舉賢才，令伯作表婉拒

為了對日暮桑榆的祖母，盡自己最後的回報，李密寫下〈陳情表〉，婉拒了晉武帝的徵召。李密是個孝子，這點人盡皆知，而晉武帝司馬炎乃如何之君呢？司馬炎所以能統一天下，多半是得自父祖的庇蔭，本身並無「聖明英武」之處，據史書記載，他與臣下交談，經常不提「經國遠圖」而只說一些「平生常事」，自從安坐皇位之後，生活更是日趨腐化。他接收了吳王孫皓的後宮嬪妾，時時乘坐羊車四下臨幸，夜夜沈醉在女色之中。武帝曾經詢問大臣劉毅：「卿以為朕似前朝那位皇帝？」劉毅則坦然以對：「臣以為陛下頗似桓、靈二帝。」

由於上位者錯誤的示範，當時的社會風氣著實十分敗壞。駙馬王濟，某日宴請武帝，侍宴的婢女多達百人，而且個個錦衫珠履。當天，有一道菜是「蒸豚」，由於它異於常味，武帝特加垂詢，王濟便當場公開烹調秘方，原來，這頭豬是用人奶餵大的。

晉武帝在泰始三年的春天立太子，同年，下詔書徵李密為太子洗馬，李密雖然當時不肯應詔，但是，根據《晉書．武帝本紀》的幾段記載，武帝在泰始四年、五年，都曾推選天下賢才，看起來，司馬炎舉賢良方正的措施，似乎不曾因為李密的拒絕而停止。從泰始，到元康年間，先有摯虞、郤詵、夏侯湛，後有華潭等人受舉薦，甚至《三國志》的作者陳壽，也被司空張華舉為孝廉，後來才被任命為著作郎。州舉秀才，郡舉孝廉的制度古來有之，晉武帝舉賢良一事，在歷史上雖然沒有大書特書，但是，我們推測，李密之所以在祖母死後出來做官，或許是被武帝拔選賢良的動作所感動吧？其實，司馬炎舉賢才，一向是「舉而不能任」，或者是「任之不能篤」。對於此點，李密就有失明察了，因此他最後並沒有受到重用，甚至因為寫怨謗詩而遭解職，名節已毀，兩頭落空，人生至此，亦復何言？

教忠教孝，必須選擇適當的教材

由於〈陳情表〉中稱晉朝為「偽朝」，以及李密後來的仕晉，故歷代來多有對李密的「忠」表示譏誚者。儘管有注家引佛書的資料加以駁正，以為「荒朝」才是李密的初文，但是，張雲璈《選學膠言》卻認為：「其說無所證明，不必從！」以上是觀點的問題，不過，亦可見後世對李密的評價十分紛歧。其實，在《晉書》第八十八卷上面，李密是列在〈孝友傳〉的首篇，因此，無妨對學生們多做引導，使他們擺脫「忠」的層次，轉而欣賞並肯定李密的孝行。

再說，人性原有其複雜的一面。談到李密仕晉，令人不得不想到李陵的背漢，當初李陵和蘇武，兩人在遙遠的北胡相遇，蘇武正在北海持節牧羊，而李陵，當時已經貴為匈奴的右校王。李陵奉單于之命前往勸降不成，蘇、李二人相偕登臨望鄉台。遙望久別的故國，忠臣義士當場流下的是思鄉、思君的淚，而降臣罪俘，淚眼中卻有難以吐屬的怨懟和羞愧。李陵和李密，同是司馬遷所同情的那種凡人，他們沒有超人一等的風骨，徒然留給後人做為反面教育的話題。

不過，以李密為樣，來詮說忠與不忠的問題，並不相宜，不但是因為其中牽涉到批評的角度問題，而且使人容易對於「求忠臣於孝子之門」的古訓產生懷疑。拿〈出師表〉來教忠，有如水到渠成，而〈陳情表〉，應是「教孝」的最佳題材。談到此處，叫人無法不佩服古人對於前述三篇文章「忠」、「孝」、「慈」的評語，斷得實在審慎而有深度了。

祖母，是慈祥的代名詞；但是，歷史上歌詠娘親的詩篇何其多也，而〈陳情表〉，卻是唯一以祖孫之情謀篇的名文佳作，譽之以「千古特筆」亦不為過。如今世情衰微，連父母都不被看重，孝道的推廣，就更遑論及於祖父祖母了，就此一端，在進行本課的內容深究時，全力凸出李令伯的「孝」，應該是教者基本上最應該做到的一點吧？

（原刊於《中央日報》長河版，80、11、26）

〈陳情表〉、〈與元微之書〉、〈過秦論〉、〈典論論文〉之教學錄影帶腳本

影帶發行　教育部
腳本撰寫　林
主　　講　　　玲

陳情表

影部	聲部
△特寫老人家（非演員）臉上密佈的皺紋。	△音樂
	（女聲朗誦）
△特寫老人家（非演員）駝著背，背孫子的鏡頭。	△「是深刻的愛，使得您滿臉紋皺？是沈重的情，使得您背脊彎駝？
△公園裏、馬路上、……老祖父、老祖母帶著孫兒，或和孫兒嬉戲的鏡	作別了青春，不能作別的是生命中的擔子，

頭。

△特寫老人家的臉。

△鏡頭移至懷中孫兒撒嬌的鏡頭。

△鏡頭先拍老祖母（非演員），然後將鏡頭拉遠，呈現老祖母搖著搖籃哼搖籃曲的鏡頭，最後鏡頭停在推動搖籃的手上。

△朗誦詩時，畫面右側逐行打出字幕來。

△老人家（非演員）帶孫兒，孫兒撒嬌的鏡頭（拍自然的鏡頭，不要演戲。）

△唸至「擁月的明星」，播出黑夜中眾星拱月的鏡頭。

△演員飾李密，侍奉病床上的祖母。

△「奏表」的插圖，上面寫著「陳情

消逝了朱顏，

不曾消逝的是胸懷裡的溫馨，

於是，

沙啞的喉，把搖籃曲再唱一遍，

沙啞的喉，把搖籃曲再唱一遍……」

△音樂

（男聲旁白）

△祖母，是慈祥的代名詞，祖母的愛，從往古到如今，一直都在人類的歷史上散發著，但是，歌詠娘親的詩篇，多如擁月的明星，而孝養祖母的事實卻何其少啊！

△晉朝有個李密，他為了對日暮桑榆的祖母，盡自己最後的回報，不惜以生命做籌碼，寫下這篇千古傳誦的〈陳情表〉……

表」三個大字。

△小孩坐地啼哭的插圖。

△小孩拉著母親衣裙啼哭的插圖，母親作離家狀。

△祖母疼愛小孩子的插圖。

△演員飾李密，作苦讀狀。

△字幕——譙周

△字幕——蜀漢尚書郎

△風中殘燭影片。

△演員飾祖母，作老病狀。

△特寫祖母（演員飾）臉部淒涼中帶著安慰的表情，而以李密在旁烹藥為背景。

△音樂

（男聲旁白）

△李密是個孝子，大概沒有人會否認吧？可是，他生下來六個月就死了爹，四歲時，又失去了娘，自然是沒有父母可以孝順了。

△失去了爹娘的孩子，最教祖母心疼，更何況，這可憐的孩子，九歲還不太能走路，於是，祖母天天抱著、背著、愛著。

△李密長成後，就跟著譙周苦讀，在同學中被比做孔門文學科中的子游、子夏，蜀漢未亡時，也曾擔任過尚書郎。

△孫兒雖然出頭，但是，老人家已成風中殘燭，生命原是這樣無奈的！幸好孫兒在病榻旁勤侍湯藥，否則，這苦難的人間還有什麼好留戀的？

△音樂

△晉武帝畫像

△字幕——晉武帝司馬炎

△插圖

△三國鼎立的地圖，以三種顏色畫出。

△字幕——「聖明英武」

△字幕——「經國遠圖」

△插圖

△字幕——「平生常事」

△插圖

△字幕——吳主孫皓

△武帝乘坐羊車，嬪妃人人佇立門口，以鹽水灑地，門口並插柳條引誘羊食，以招徠武帝的插圖。

△字幕——駙馬王濟

△插圖

△晉武帝是個怎麼樣的人呢？司馬炎之所以能結束三國的紛爭，進而統一天下，事實上是得自父祖的庇蔭，自己並沒有什麼「聖明英武」的地方，他和臣下談話，不提「經國遠圖」，只說「平生常事」，而且生活相當腐化，接收了吳主孫皓的後宮美女，經常乘坐羊車，夜夜沉迷在女色當中，使得社會風氣跟著敗壞。

△武帝的駙馬王濟，有一天請武帝吃飯，侍宴的婢女多達一百多人，人人錦衣珠履，其中

△字幕——蒸豚

△插圖

△字幕——劉毅

△插圖

△字幕——東漢桓帝、靈帝

△字幕——太子洗馬

△演員飾祖孫二人，祖母病臥床上，李密坐床邊，兩人在砰砰的敲門聲中驚懼、哭泣。

△畫面上出現一篇寫在卷軸上的〈陳情表〉。

△主持人出現。

△字幕——

有一道菜是「蒸豚」，味道極為鮮美，武帝連聲讚美，於是王濟便公開烹調的祕方：原來這頭豬是用人奶餵大的。

△武帝曾經問大臣劉毅：「卿以為朕似前朝哪一個皇帝？」劉毅回答說：「臣以為陛下頗似桓靈二帝。」

△音樂

△泰始三年的春天，武帝下令徵詔李密為太子洗馬，於是，一幅原本美好的孝親圖，立刻在州司郡吏的叩門聲中，粉碎了……

△可是不久之後，事情又有了神奇性的變化，關鍵，自然是在於這篇〈陳情表〉了……

△音樂

（主持人出現畫面）

△同學們！這麼好的文章，不分析太可惜了。

△先從文體開始說起：《昭明文選》李善注：

《昭明文選》李善注：
「表者，明也，標也，言標著事序，使之明白，以曉主上，得盡其忠曰表。」

△字幕——
《古文辭類纂》
奏議類

△字幕——「情能生文」

△字幕——
抒情文
〈出師表〉——忠
〈陳情表〉——孝
〈祭十二郎文〉——慈

△字幕——
「真情勝綺巧」

△字幕——
「願乞終養，

「表者，明也，標也，言標著事序，使之明白，以曉主上，得盡其忠曰表。」《古文辭類纂》將「表」列入奏議類。

△這篇文章雖然是奏表，但是卻和〈祭十二郎文〉、〈出師表〉並列為抒情文的傑作。

△其實，人類生而有情感，「情，能生文」，〈陳情表〉的「孝」，〈出師表〉的「忠」，以及〈祭十二郎文〉的「慈」，都是人類獨有的高貴情操。在駢文流行的時代，依舊能有這幾篇優美的散文出現，和駢體文爭妍比美，這應該說是真情勝過綺巧的結果吧？

△假如您曾經細細咀嚼玩味這篇文章，是否可以嘗試著將全文提煉成簡單的幾個字，而這

辭不赴命。」

△字幕——

「慈父見背，舅奪母志」——孤

「少多疾病，九歲不行」——弱

△字幕——

「供養無主」

幾個字是不是「願乞終養，辭不赴命」？對了，這八個字就是李密上表的主要目的，不過，面對著晉武帝這樣的人物，可能要把話說得委婉些了。

△於是，先從自己悲涼的身世說起，作者拿「慈父見背，舅奪母志」的「孤」字，和「少多疾病，九歲不行」的「弱」字，來凸顯祖母哺育的辛勞，然後才緩緩說出，自己當年的活命恩人，如今病臥床榻。雖然沒有進一步說出自己，想「全孝」的願望，但也不言可喻了。

△第二段解釋州郡兩度徵召不能接受的理由，就是「供養無主」，「供養無主」四字，與第一段「劉夙嬰疾病，常在床蓐」，取得嚴密的呼應，另一方面，也提醒對方，自己不肯仕晉的理由只是「供養無主」罷了，並非

△字幕——
「……則劉病日篤；
……則告訴不許。」
（以上兩個「則」字，用不同色的字以示強調。）

△字幕——
「凡在故老，猶蒙矜育；況臣孤苦，特為尤甚。」
（以上字句先用白字打出，等唸到「況」、「特」、「尤」三字時，這三個字變為黃色。）

△字幕——
日薄西山，
氣息奄奄，

有什麼特殊的政治理念，於是在「詔書特下，拜臣郎中，尋蒙國恩，除臣洗馬」的情形下，自己雖想「隕首上報」或像牛馬一樣「奉詔奔馳」，「則劉病日篤」，想孝養祖母，「則告訴不許」，這兩個「則」字，一個轉過來，一個轉過去，轉接得非常鮮活生動，寫盡了徬徨狼狽的模樣。

△到了第三段，就堂而皇之的提出「孝」字作擋箭牌，再接著寫出「凡在故老，猶蒙矜育；況臣孤苦，特為尤甚」，「況」、「特」、「尤」三個字表達出自己比別人更該受到矜憐的理由，語氣的強烈，在一般文章中並不多見。

△再往下面是「今臣亡國賤俘，至微至陋，過蒙拔擢，寵命優渥；豈敢盤桓，有所希冀」，為使武帝撤除猜疑，這些話不得不

人命危淺，
朝不慮夕。

△字幕——
四十四↔九十六
長↔短

△字幕——
對襯格

△字幕——
「排句」

說，然而真正的重點卻是擺在下面的「但以劉日薄西山，氣息奄奄，人命危淺，朝不慮夕」，連用四句鋪排，來刻劃出祖母雖然還有一口氣在，而事實上與死亡只有一線之隔了。

△而寫得最好的是「臣密今年四十有四，祖母劉今年九十有六，是臣盡節於陛下之日長，報養劉之日短也」，用「四十四」、「九十六」兩個數字作對比，再拿「長」、「短」兩個反義詞互為「對襯」，來說明終養祖母絕不會妨礙到報效國家。同學們！假如你是武帝，看到這裡，你還能說些什麼呢？

△這篇文章雖然排句用得很多，修辭也相當富於變化，用到「借喻格」的有——「急於星火」、「實為狼狽」、「……劉日薄西山」，用到「借代格」的有——「當侍東宮」、

△字幕——

急於星火

△借喻 實為狼狽

劉日薄西山

△借代 當侍東宮

郡縣逼迫

隕首上報

△回文 臣無祖母，無以至今日

祖母無臣，無以終餘年

（以上打。的字都以黃色標出）

△婉曲——舅奪母志

△字幕——

劉夙「嬰」疾病：纏

△字幕——

「郡縣逼迫」、「非臣隕首，所能上報」等，另外，「臣無祖母，無以至今日；祖母無臣，無以終餘年」是「回文」；「舅奪母志」是「婉曲」；但是，值得注意的是，上述文字都是「因情而生」，絲毫沒有辛苦經營的痕跡，大致說來，整篇文章是以「婉轉真誠」見長。

△接下來，為同學介紹一下課文中兩個用法較為特殊的字：

△先談「劉夙嬰疾病」的「嬰」，課本的解釋

《說文》：「嬰，繞也，从『女』、『賏』，『賏』，貝連也。」

△拍婦女多種貝類項鍊的鏡頭，可再拍一些掛在頸子上的。

△字幕——形影相「弔」：慰問

△字幕——《說文》：「弔，問終也，从『人』、『弓』。」

△影片

△字幕——弔喪、慰問

△主持人坐在一張可以旋轉的椅子上，四周燈光柔和（拍主持人側

是「纏」，這一定使同學感到困惑。《說文》：「嬰，繞也，从女、賏，『賏』，貝連也。」婦女把貝類連在一起作為頸飾，頸飾盤在頸上，故有「纏繞」之意，後來所說的「嬰兒」，是「嫛婗」的轉音。

△再談「形影相弔」的「弔」，課本作慰問解。《說文》：「弔，問終也，从人弓。」古人在埋葬制度尚未成立之前，死後都是棄屍原野，後來是孝子在無意中發現父母的屍體被禽獸啃蝕而心生不忍，所以持著弓在一旁守護著，因此引申有「弔喪」、「慰問」的意思。

△音樂

△（X先生）：有人說：李密只是用「終養祖母」當藉口，來保全自己對蜀漢的忠誠，您

面）；X先生從暗處發出問題來。

△字幕——《華陽國志》、《續漢書》

△字幕——

「願為長兄，供養父母之日較長。」

△字幕——

《晉書．武帝本紀》

以為如何？

△（主持人）：或許真是這樣吧？不過，從《華陽國志》、《續漢書》等資料上看來，李密的「孝」，並不是寫〈陳情表〉才開始的，他早年就因為殷勤侍奉祖母的病而有孝名，擔任蜀漢尚書郎時，出使吳國，就有「願為長兄，供養父母之日較長」的佳言流傳在吳中。所以，無論他原本是否有意要當蜀漢的忠臣，我們對他的「孝」，應該加以肯定，再說，假如沒有真實的情感，能寫出這樣的文章嗎？

△（X先生）：有很多人對於李密在祖母死後又出來做官這件事，抱著相當不諒解的態度，您覺得如何？

△（主持人）：我們先看一下《晉書．武帝本紀》上面的幾段記錄，然後會發現武帝在泰

△最好能用真正的《晉書》，將以下幾段用紅筆畫出，或者用所附的影印資料。

△字幕——泰始三年春

△字幕——泰始——元康

△字幕——摯虞、郤詵、夏侯湛、華譚

△拍《三國志》一書

△字幕——著作郎

△字幕——「舉而不用，

始四年、泰始五年都一直在推選天下的賢良方正。

△（主持人）：根據考證的結果，武帝是在泰始三年的春天立太子，於是在同年，便下詔書徵李密為太子洗馬，李密雖然當時不肯應詔，但是，司馬炎舉賢良方正的措施，似乎沒有因李密的拒絕而停止。

△（主持人）：從「泰始」，到「元康」年間，先有摯虞、郤詵、夏侯湛，後有華譚等人被舉薦，甚至《三國志》的作者陳壽，也被司空張華舉為孝廉，後來才被任命為著作郎。州舉秀才，郡舉孝廉這種制度古來有之。晉武帝舉賢良的事情歷史上雖然沒有大書特書，但是，李密或許就是受到武帝，拔舉賢良的舉措所感動吧？他哪能想到司馬炎舉賢才一向是「舉而不能用」、「用之不能

用之不篤。」

△字幕——安樂公

△字幕——「任諸葛亮而能抗魏，用黃皓而喪國。」

篤」呢？

△（X先生）：李密在祖母死，守喪之後，還是應詔命做了官，但是並沒有受到重用，甚至還因為寫怨謗詩而被解職，名節已毀，兩頭落空，真是太不值得了。

△（主持人）：當初蜀漢的阿斗，接受了光祿大夫譙周的意見降了魏，被封為「安樂公」，天天「樂不思蜀」；張華曾經試探的問李密：你從前的國君「安樂公」這個人怎麼樣？李密竟然將劉禪比作齊桓公，認為劉禪是「任諸葛亮而能抗魏，用黃皓而喪國」，自己已經做了晉朝的官了，還不忘為阿斗分辯，我想，這不是一般貪慕名利的降臣所能做到的，或許李密仕晉，真是有一些言不得也的苦衷和自己所信奉的政治哲學吧？

△拍「《晉書》八十八卷〈孝友傳〉第一篇」，標題用紅筆標出。

△拍主持人正面，鏡頭由遠而拉近。

△從「隔著情感的薄霧」開始，放映前面在街頭拍攝的祖孫相處鏡頭。

△片首「沙啞的喉，把搖籃曲再唱一遍；沙啞的喉，把搖籃曲再唱一遍」兩句的聲、影都重播一次。

△（X先生）：聽您的意思，是同情李密了？

△（主持人）：這個問題很難回答！我們還是看一看歷史給他的評價吧？

△（主持人）：《晉書》第八十八卷，把李密列在〈孝友傳〉的第一篇，似乎覺得他還沒有足夠的條件登上「忠貞」的殿堂，這一點，很耐人尋味。

△（主持人）：同學們，拿理智的刀刃來解剖李密，他的確是不夠完美，但是，在世情衰微，連父母都不被看重的當今，我們還是隔著情感的薄霧，來欣賞李密對祖母那份純真的、深重的、無止境的孝心吧……

△音樂……

與元微之書

影帶發行　教育部
腳本撰寫　林　玲
主　　講

影部

△演奏

△元白二人畫像、白氏手稿、白氏墓（參考《中國歷代名人畫像彙編》偉文圖書出版社《三才圖繪》，《古今圖書集成》，《中華歷代文學家傳記》）

△演員二人飾元白，官員家居打扮，側影，畫面空曠蕭條。

△……以上漸退為背景。

△畫面上出現行書——「聞樂天授江州司馬」

聲部

△（箏聲出，男聲旁白）

詩歌酬答，無邊的吟唱，白居易和元稹這對知交，一在江州，一在通州，卻不斷吟詠出相同的人生曲調，並彼此觸動心靈的弦歌……（箏聲）

殘燈無燄影幢幢，
此夕聞君謫九江。
垂死病中驚坐起，
暗風吹雨入寒窗。

△（行書）〈舟中讀元九詩〉

把君詩卷燈前讀，
詩盡燈殘天未明。
眼痛滅燈猶暗坐，
逆風吹浪打船身。

△東川至長安路線圖

△驛站圖（郵政博物館存）

△演員二人飾演，廳中爭吵狀。

△劉以馬鞭抽打元。

△皇帝怒斥元稹狀。

△請師大國文系邱燮友教授吟唱

（箏聲，男聲旁白）

△唐憲宗元和五年，元稹任監察御史，一日，自東川返京途中，停宿於華州華陰（陝西華陰）敷水驛。

△宦官劉士奇後到，卻與元稹爭廳，劉一怒之下，竟以馬鞭抽傷元稹臉頰。

△元稹奏懲宦官，皇上反責元稹年輕不知禮

△貶官聖旨下。

△長安至江陵路線圖。

△長安城照片。

△演員扮演黑衣蒙面盜，手提官員頭顱，裴跌入溝中，刺殺官員於長安街上。

△死傷之狀。

△李、宦官耳語狀。

△宦官與寺中和尚耳語。

△文武分列朝班，低頭神色曖昧不語狀。

△白憤而修本狀。

△畫面現奏疏部分內容。

（參《白氏長慶集》）

△群小於皇上左右進讒，帝皺眉狀。

△聖旨下。

讓，貶為江陵府（湖北江陵縣）士曹參軍。

（箏聲）

（男聲旁白）

△元和十年六月三日，長安城發生一件大事，宰相武元衡於上朝途中遭人狙擊，宰相當場斃命，不久，御史中丞裴度亦負重傷。

△此案之起，乃由於平盧節度使李師道暗中勾結宦官，派岳寺和尚刺殺宰相。

△由於涉及朝中恩怨，滿朝文武噤若寒蟬。四十四歲的白居易，依舊未改他正直的個性，立即上疏要求緝兇。

△由於居易任諫官時，曾得罪群小，在政敵合力中傷之下，由「太子左贊善」貶為江刺

△聖旨再下。

△長安↓武關↓商山↓襄陽↓漢水↓潯陽路線圖。

△江陵↓通州圖。

△江州、通州再以記號圈出。

△字幕——

元和十年貶江州，作與元九書。

元和十一年賦〈琵琶行〉。

元和十二年作〈廬山草堂記〉、〈與元微之書〉。

△以「行草」書寫——

〈與元微之書〉

△微之，微之，不見足下面已三年矣；不得足下書欲二年矣。人生幾

史。中書舍人王涯彈劾其敗壞名教，不宜治郡，再降為江州司馬。

△元和十年，詔書下，居易倉皇話別家人，隻身赴任。是年，元稹亦改遷通州司馬。（箏聲）

△白居易至江州後，元和十年十二月曾一度與元九書。元和十一年，同年秋天送客潯陽江頭，巧遇長安倡女，為賦〈琵琶行〉；元和十二年，雲遊匡廬，築草堂，作〈廬山草堂記〉；同年四月十日再度修書與元九，即本文〈與元微之書〉——

△箏聲

△（男聲朗誦）微之，微之，不見足下面已三年矣；不得足下書欲二年矣。人生幾何，離

何，離闊如此況以膠漆之心，置於胡越之身；進不得相合，退不能相忘，牽攣乖隔，各欲白首。微之，微之，如何！如何！天實為之，謂之奈何！

△教室，老師、學生出現。

△字幕
- 內容——抒情文。
- 形式——書信（應用文）。

△情意深究
- 1.可知元白感情之深篤（文章第一層次）
- 2.可知白居易之達觀（文章第二層次）
- 3.塵念之糾纏（文章第三層次）

（字幕，課文放大）

△第一段起，至「猶惻惻耳」。

闊如此況以膠漆之心，置於胡越之身；進不得相合，退不能相忘，牽攣乖隔，各欲白首。微之，微之，如何！如何！天實為之，謂之奈何！

△箏聲

△（師）：各位同學，由於本課在內容上屬抒情文，所以我們先作情意方面的探討。

△（師）：本文在章法上共分三大層次：

△（師）：第一層次，先寫分手以來，想念之深，再寫兩年前，曾接獲對方詩文。

（字幕）

△元白之感情基礎
1.同榜
2.同官
3.文學主張相同
4.人生際遇相仿

△上圖再現，「同榜」以方框圈出。

△字幕——

進士
明經科
進士科
明法科
明算科

△「元、白感情基礎」圖再現，「同

△（師）：元稹在病革之時，有感於居易遭貶而感傷賦詩，當然，居易在己身困阨之際，亦不忘以三泰寬慰知交了。

△（師）：我們不禁要問，這種桃花潭水般的深情，難道純屬文學上的夸飾嗎？關於這點，我想從四個方向來分析——一、同榜，二、同官，三、文學主張相同，四、人生際遇相仿。

△（師）：首先，我們談「同榜」。唐朝的進士考試分為明經科、進士科、明法、明算等科第，貞元十六年，居易二十九歲，進士科及第，元稹較居易小七歲，明經科出身。貞元十八年，兩人再赴長安，應吏部的考試，結果同時登榜，並一起被分發到祕書省擔任校書郎。

△（師）：再談「同官」。校書郎一職，官列

官」以方框圈出。

△教室，學生、老師。

△教室、師生。

△字幕——

盩厔地圖

△「元、白感情基礎」圖再現，第三點以方框圈之。

△字幕——

「新樂府運動」

△字幕——

九品，負責校對抄錄典籍的工作，雖然官小職卑，兩人仍抱著熱忱，投身於工作中，並經常寫詩相贈，以增進情誼，還遍遊長安一帶名勝，在一起談儒說佛，增長人生經歷。

△（師）：白居易十五歲時，與元稹同辭校書郎職，一起參加「制舉」，且雙雙上榜，而後，居易補盩厔縣尉，元和三年遷左拾遺；元稹則除右拾遺。

△（師）：再談第三點，在文學方面，他們始終抱定了相同的看法。

△（師）：唐人的樂府，多仿照前人舊作，當時元、白、李紳等多人，便起而提倡「新樂府運動」，主張隨作者心意自由創作，所謂「歌詩合為事而作」，將詩歌視為整體藝術，必須情感、語言、聲調、意義四者兼具。

△（師）：元白的作品，不但在當時流傳甚

根（情）＋苗（言）＋花（聲）＋實（義）

△（行書）〈秦中吟〉（部分內容）

△江州至通州地圖為背景，一張張箋紙飄落下來。

△字幕——

△播出崑曲《長生殿》錄影帶或照片。

△播出崑曲《佳期》。

△播出國劇《紅娘》中〈棋盤〉一折之身段。

△前圖再現，第四點以方框圈出。

△教室、師生。

△播出平劇張安平、高蕙蘭之《同窗記》，十八相送，獨木橋上身段。

廣，甚至流變成元明雜劇，如白居易之〈長恨歌〉，改編成清傳奇《長生殿》；元稹的小說《會真記》改為明雜劇《西廂記》，如今仍活躍於皮黃舞台上之「紅娘」，也是脫胎於此。由以上，我們知兩人在藝術創作方面，可以說是聲氣相合了。

△（師）：第四點便是元白的人生際遇相仿，這點前面提過，因此不再重複。

△（師）：鍾期之於伯牙，為知音相賞，曹植與楊德祖為忘年之交，建安七子仰首齊足，同騁美才；乃至於梁祝的同窗，亦多堪玩

△教室

△再現情意深究圖，第二點以方框圈出。

△字幕——

△字幕——

△第一泰之內容：基本的心靈安適。

△第二泰之內容：基本的物質滿足。

△第三泰之內容：較高的精神境界。

△（行草）前有喬松十數株，修竹千餘竿，青蘿為牆垣，白石為橋道，

味，可見自古以來偉大的友情是跨越年齡、地位、性別的界線，而能卓爾挺立於五倫之中的。

△（師）：文章的第二層次是白居易自述三泰以寬慰知己。

△（師）：泰，《說文》：[illegible]滑也，从[illegible]从[illegible]，太聲。水在手中，故滑也，滑則順，故有寬裕自如之意。

△（師）：第一泰，乃為基本的心靈安適。白居易在宦海浮沉之後，將它列為首要，完全是基於深刻的人生體驗。

第二泰可說是最低限度的物質滿足。

第三泰為山水之樂，則屬於較高之精神層次了。

△箏聲

△（師）：在草堂中設木榻四、素屏二、漆琴

流水周於舍下，飛泉落於簷間；紅榴白蓮，羅生池砌。

△以「景」為背景，打出以上「行草」。

△廬山景。

△字幕——

△元和六年母陳氏墜井死。

元和九年自「左拾遺」遷閒散之「太子左贊善」。

元和十年貶為江州司馬。

△字幕——

三泰
- 1. 基本的心靈安適
- 2. 基本的物質滿足
- 3. 較高的精神境界

一張、儒道佛各三、兩卷。

△（師）：左手引妻子，右手抱琴書，終老於斯。（箏聲）

△（師）：居易的廬山草堂，可比美杜甫「浣花村草堂」、劉禹錫「和州陋室」、蘇軾「密州超然台」，以上都是詩人寄興遣懷之所。

△（師）：貶謫江州前，詩人已歷盡滄桑，洞悉人生，所以生命情操漸趨於澹泊，在江州時自謂「吏隱」。

△（師）：因此，在此封書函中，能以一個「泰」字自寫心境了。

△情意深究圖再現，第三點以方框圈出。

△放大課文倒數第四行一直到「君知之乎？」

△（行書）贈內詩全文。

△教室

△圖表

〈與元微之書〉
- 內容↓抒情文（情意深究）
- 形式↓書信（應用文）

△（師）：文章的最後層次，為作者在自認心境寬舒之後，又難抑塵念之蹔生。我們面對一位多情而感性的詩人，這點是可以理喻的。《白氏長慶集》中，我們讀居易的祭母文、祭幼文、贈內詩、念金鑾子詩；再看他，居廟堂則盡忠諫職，離京師則為蘇杭良吏，曾經為了改善民生，而引水、灌溉、復井，這一切，若不是出於古道熱腸和俠義性格，誰又能夠？

△（師）：以這樣的性情中人，如何能輕易參透萬丈紅塵裡的層層情緣呢？

△箏聲

△各位同學，因為本文在形式上屬書信體，所以，最後我們特別開闢了「中國古書形式探討」的專題。

△字幕——

△古書信探原

△字幕——

△字幕以及

居延出土之漢簡

△拍實物或以贗品代。

△拍簡片，漢朝人寫的信。（中國古代郵驛和書信的故事十八頁）

△箏聲

（男聲旁白）

△《文心雕龍．書記》篇：「書者布也，舒布其言，陳之簡牘也。」

「簡」的別名為「箋」；「牘」之別名為「札」、「牒」等。

（旁白）

△先談簡冊——春秋時盛行，以竹為之稱「簡冊」，以木材為之稱「版牘」，版牘用於公文，因版面較大，便於書寫之故，以上總稱簡冊。

△最長的簡有二尺四寸，可用來寫經典，最短的簡有一尺二寸，用以寫傳記，一片簡只寫一行，一行多則數十字，少則八九字。

△字幕——

△拍「冊」(郵政博物館)

△圖片□版

□方

(或以贋品代)

△圖片

△拍尺牘

△郵政博物館〈中國古代郵驛和書信的故事〉雜誌二十頁「封檢」。

△拍郵政博物館「封泥」仿製品。

△字幕——

△木簡或竹簡，以熟牛皮編成者稱「韋編」；以絲編成稱「絲編」，一般多用麻繩編紮，編成書後即稱為「冊」，「冊」又作「策」。

(箏聲出)

△「版」的寬度為長度的三分之一，正方形的版稱為「方」。

△一尺長之版稱為尺牘，為通信之用。寫成後上下再加一片版以為封面，稱作「檢」，再用麻繩捆紮，繩結處加泥，在泥上蓋章，稱為「封泥」，整綑信件稱為「函」。

△以上簡牘文字用筆寫成，寫錯則以刀片削除。

△再談帛書。

△湖南長沙馬王堆照片（故宮）。

△出土之帛書老子。

△拍實物（故宮或歷史博物館）。

△繪畫圖

△字幕——

△拍實物

△拍尺素

△拍「卷牘」

△拍趙孟頫尺牘（郵政博物館）

△教室、老師。

△字幕——

△字幕——

△西漢時簡冊、縑帛並用，東漢雖有紙，但文人喜用縑帛。帛書寫成後以「軸」由左向右捲成一束，最後再上一塊無字、無色、無界行之素帛，稱之為「首」或「褾」。

△卷軸通常在一兩丈間，亦有三、四丈者，捲好後以繩帶紮之，掛於書架上。

△一尺長之縑帛稱「尺素」，書成卷就，即在騎縫處寫收信人姓名，無需另加封套，稱「卷牘」，元人趙孟頫之尺牘皆如此也。

「危惙之際，不暇及他，唯收數帙文章，封題其上……」

△（師）：各位同學，談到這裡，我們要提一下本文中的「危惙之際，不暇及他，唯收數帙文章，封題其上……」

△（師）：《說文》：「帙，書衣也。」段注：「謂用裹書者，亦謂之『幒』。」

△拍實物

△卷軸包好，書衣上題「他日送達白二十二郎，便請以代書」數字。

△字幕——

春秋戰國	簡冊
西漢	簡冊、縑帛並用
東漢	縑帛、紙並用
晉	下令用紙

△拍最古之信紙，晉李伯書信（郵政博物館）。

△拍清朝信封（郵政博物館）。

△教室、師生。

△「郵驛雜誌封面兩幅國畫」

△（師）：古人將五卷或十卷的卷軸，分別用布包裹，稱為「帙」或「函」。

△（師）：元稹將數卷文章，以帙包裹，封題其上曰：「他日送達白二十二郎，便請以代書……」

△箏聲

△（師）：直到桓玄纂東晉以後，即下令用紙張，簡帛使用之機會較少。

△（師）：到了近代紙張流行後，書信的款式已經非常接近目前了。

△箏聲

△（師）：以上是古書信之款式，我們再談古人遞信之情形。

（箏聲出）

△（師）：最早前，有魚雁傳書，以及青鳥傳

△拍三種文書（郵政博物館）。

△拍驛站圖（郵政博物館）。

△唐律以及〈陶侃傳〉中文字，以字幕打出。

△拍唐驛設施概況圖（郵政博物館）。

△背景——龍場地圖，打上王守仁像。

書的說法，所傳的書信，即縑帛所成之尺素。

△（師）：我國郵驛制度，始於秦始皇開闢馳道；官書中燒角文書、插羽文書象徵「火急」與「飛快」之意乃屬急件；護封文書則為保密而設。

△驛站的設置，專供傳遞官方文書之用，亦可供驛使，以及來往官員歇腳。

△至於私信，是不能交付驛使的，唐律中明文規定：「不應遣而遣驛者，杖一百。」不過，自古以來，官員以私信交驛寄遞之事，亦難免有之。例如《晉書．陶侃傳》中有「遠近書疏，莫不手答」之記載，足證私信託驛，起源甚早。

△通常三十里設一「驛」，五里一「郵」，十里一「亭」。

△明朝王守仁曾任龍場驛丞，可以稱得上是四

△教室、師生。

△唐代郵驛交通圖（郵政博物館）。

△上圖拉近距離，以活動記號標出九江至四川、奉節、萬縣之路線。

至達縣一段，則以活動記號畫上問號。

△笛聲中，以廬山，以及上圖為背景，演員飾演之遞信人，騎馬奔跑其間。

△鏡頭拉向一封唐人信封。

△（行書）

△行草寫出：

「微之，微之，此夕此心，君知之乎？

樂天頓首」

△片尾　字幕

百年前的郵政局長了。

△箏聲

△現在我們來看一下唐代郵驛的情況。

△箏聲

△唐代從九江到四川、奉節、萬縣都在驛程之中，元稹以及白居易往來的信件，很可能託往返於驛程上的官員代致，但是，三年之中，這數百篇之詩文，又如何從奉節以西，超越驛程，千山萬水地送到達縣（通州）？這一點，就頗費思索了……。（笛聲起）

△（吟詠聲起，邱教授）：憶昔封書與君夜，金鑾殿後欲明天。今夜封書在何處，廬山庵裡曉燈前，籠鳥檻猿俱未死，人間相見是何年？

過秦論

影帶發行　教育部
腳本撰寫　林　玲
主　　講

影部

△畫面上出現：教室中，同學們向老師敬禮，然後下課的鏡頭。

△三位同學一起步入建國南路市立圖書館總館的鏡頭，以及在圖書館找書的鏡頭。

△教室內，學生站在講台上進行口頭報告的畫面。

△字幕——秦的興亡史。

聲部

△（音樂輕起）

△（學生旁白）：今天的國文課，介紹到賈誼的〈過秦論〉，老師希望我們利用課後，仔細蒐集一些歷史方面的資料，好作為明天聽講課文的準備。

下課後，我約了幾位同學，到圖書館查閱書籍；我們花了一些時間，總算對於秦的興亡史，有了相當明確的輪廓。

第二天的國文課，我們按照課文的段落，提出了一份報告，報告的內容是這樣的——

△（音樂銜接）

△字幕——一、秦的發跡。

△戰國七雄地圖。

△秦穆公、孝公，商君畫像。

△皮影戲、布袋戲或影片。（若皮影、布袋戲是前幾集用過的，寧以影片或漫畫代替，請演員飾演亦佳。）

△鼾聲

△（以下是根據史實所做的說明，請勿刪除。）

△（男聲旁白）：西元前四〇三年，歷史家口中所稱的「戰國時代」，正式開始了。

在戰國七雄當中，秦國最弱；秦穆公的霸業，要等他的十五代孫——年輕的國君秦孝公，以及來自衛國的貴族青年——公孫鞅，出現之後，才算有了長足的進展。

秦孝公即位，為了掃除中原各國對秦國的輕視，於是，下了一道徵求賢才的明令，聲明：只要有人能出奇計，使秦強盛，將與他分地而治。此令一出，公孫鞅即刻離魏而入秦，他前往覲見孝公，殷勤地陳述稱帝之道，沒想到孝公聽著聽著，便打起瞌睡來了。商鞅看看所說的治國方法，不合孝公之意，便改獻以王道治國的策略，結果孝公撐著下巴，一副不耐煩的樣子。帝道、王道都不合孝公的心意，所以，商鞅只好使出最後招術，陳說霸道了。

△（孝公的台詞，可以代覓話劇社的學生配音。）

△訓練軍隊影片

△活動的歷史地圖——先圈出西河之地，並逐漸染上和秦國疆域相同的顏色。

△字幕——二、惠文王、武王、昭襄王時代的天下大勢。

△虎豹影片

△張儀畫像

△（孝公）：好！好！好！你說的霸道，寡人甚為歡喜，即使再聽你說上三天三夜，也是不會厭倦的，哈！哈！哈！

△（男聲旁白）：孝公用商鞅，連續實施了兩次的變法和改革之後，的確收到了很大的成效。秦國本為戎狄之區，民風強悍，文化低落，有全家男女老少同寢一室的習慣。商鞅用嚴刑峻罰來管理他們，養成人民服從命令、恪守紀律的習慣，自然是形成了一支強大矯健、有高度戰鬥意志的軍隊，這支軍隊便全力向外發展，魏國首先受到攻擊，且短暫間就拱手讓出西河之地了。

△（音樂銜接）

△（男聲旁白）：後來孝公雖死，但此時的秦國，已像極了出柙之虎豹。惠文王是秦孝公的兒子，他用張儀為相，採用「連橫」政

△字幕——連橫

△字幕——周慎靚王三年

△楚懷王畫像。

△殽山、函谷關地圖、影片

△字幕——脩魚

地圖

△字幕——長平

地圖

△字幕——三、始皇及二世的暴政。

△狼嗥

△剪輯「一代暴君」影片

策，誘使各國和秦國親善，然後再予各個擊破，六國抗秦的力量於是大為削弱。

△周慎靚王三年，楚懷王擔任從約之長，曾經聯合九國的軍隊圖謀叩關攻秦，結果被秦所敗，落荒而逃。次年，秦軍又在脩魚大敗韓國和趙國的軍隊。後來武王的兒子惠文王，即位之後，與張儀不合，張儀轉往魏國，當然「連橫」也跟著解散了；不過，此時秦國的勢力，已經穩固而不可動搖。等到武王的異母弟昭襄王即位後，秦國名將白起迅速擊敗韓、趙、楚的軍隊。接著秦、趙在長平一戰，趙國軍敗之後，六國滅亡的命運，也就在此時決定了……

△（音樂）

△（狼嗥聲先出）

△（男聲旁白）：自莊襄王到秦王政，在秦國

△秦始皇畫像

△李斯畫像

△「一代暴君」影片

△字幕——始皇二十八年
△影片

△字幕——五大夫
△長江、湘山影片
△字幕——刑徒三千人

的霸業上進入了另一個階段。秦王政生得高鼻、凸眼，性情悍勇，孔武有力，聲音尖厲如豺狼，即位時，只有十三歲，他用李斯的建議，密派辯士游說各國，向名人政要行賄，請他們做秦國的奸細，若有不受金錢誘惑的，便用暗殺的手段加以去除，等各國君臣離心離德之後，便派軍隊大肆進攻。始皇於是在十年之間，逐一消滅六國而統一天下。

△始皇驕奢自大，以為即使是鬼神也該對他敬畏三分。始皇二十八年，他東遊泰山，半途遇雨，就在一株樹下避雨，事後，便封那棵樹為「五大夫」。同一年南巡，在渡江時遇到大風，他認為是湘山之神搗亂，便派刑徒三千人，把湘山的樹木砍伐淨盡以示懲罰。在他心目中，天地萬物都必須逢迎他，人民

△字幕——四、陳勝、吳廣起兵，秦朝滅亡。

△字幕——始皇三十七年

△沙丘地圖、影片

△「指鹿為馬」漫畫

△安徽宿縣地圖、影片

△影片

△水面泡影的影片

△教室、學生、老師。

△字幕——詐力

△字幕——詐力↓敵人
　　　　詐力↓人民

更不必說了。

△始皇三十七年，秦王政病死在沙丘，胡亥即位時只有二十一歲，他的才幹遠不如其父，只有「殘暴」這一項，有過之而無不及，他貪婪而又無能，完全受到趙高的挾制。就在秦二世元年七月的時候，楚國人陳勝、吳廣在相當於現在安徽省宿縣的大澤鄉，鼓動戍卒，揭竿起義，於是天下紛紛響應，六國之民各自擁立王室的後裔，或假借故國的名號而割據稱雄。等到劉邦兵臨咸陽，偌大的秦帝國，便如飛灰般倏而破滅了……

△（主持人）：我們聽過了同學們所做的完整又詳細的說明之後，不妨可以做這樣的歸納——從當年秦穆公稱霸、秦孝公變法，一直到秦始皇統一天下，完全是用「詐力」來兼併攻取。而「詐力」只能施於敵人，不能用

△主持人坐在主播台。

△字幕

△字幕——「書疏類」

△字幕——「排疊句」

△字幕——「李兆洛」

△字幕——「《駢體文鈔》」

於人民，秦王卻不能深查，難怪賈誼在〈過秦論〉中，只用十個字直指秦之所以滅亡的原因，這十個字是「仁義不施，攻守之勢異也」。

△（主持人出現螢幕）：陳拾遺以為，古今論辨類之文章，以賈誼〈過秦論〉為首，可以說是推崇備至。

△漢初文章，受戰國策士游說之風的影響，流行單篇散文，散文中，以書疏類的成就最高，〈過秦論〉就是其中的佼佼者，而賈誼本身，又是一位出色的辭賦家，所以，在這篇文章裡，用了相當數量的排疊句，幾乎可與駢文媲美；清朝李兆洛的《駢體文鈔》，甚至將它選為第一篇駢文，其實，〈過秦論〉

△圖表

△字幕

△字幕——「於是廢先生之道」

並不能算是真正成熟的駢文，它的句型駢散間出，不過是駢句出現得很多罷了。以下，我們就本文的修辭和結構來分析。

△先談結構。〈過秦〉一文，明顯可分兩大層次，第一層次，極力誇張、鋪敘秦國版圖的廣大；第二層次，從各角度看陳涉的渺小無能。其中極言秦之盛，屬論說文中之「開縱」，最後陳涉以匹夫亡秦，乃屬「擒合」，縱之愈遠，擒之愈見有力，「開縱」之目的在於「擒合」，本文可謂大開大闔。寫秦愈強，寫陳愈弱，都是在為最後的論點做「蓄勢」，而進一步逼出主旨來，最後，再用畫龍點睛的手法點出主旨，也就是「仁義不施，攻守異勢」。

△全文從第三段「於是廢先王之道……」開始，其實就即歸意於「仁義」二字，而朝向

畫面	內容
△字幕——「風雲突變，轉筆靈活」	篇末之主旨緩緩進兵，寫到秦之滅亡則風雲突變，轉筆靈活，絲毫不覺凝滯。
△字幕	△章學誠以為：「本文並無深刻之論，而氣如河海。」
△字幕	△周聘侯卻認為：論秦之過，只在於結語「仁義不施，攻守異勢」二句，通篇全不提破，千迴萬轉之後，方徐徐說出便住，從來古文無此作法……。」
△字幕	△事實上〈過秦〉原本分做三篇，本文為上篇，中篇論二世，下篇論子嬰。三篇彼此連貫，亦可獨立成篇。
△字幕	△論說文的三要件是：論點、論據和論證。論點是作者的主張；根據史實或事實和現實緊扣論點加以分析是論據；而論證是拿證明來建立論點之立場。
△字幕	△〈過秦〉中，上篇提出論點，中篇根據上篇

△將席子捲起的影片

△用布囊裝物品的影片

△字幕

△字幕——「具體化的形像美」

之論點加以論證，下篇係針對上、中兩篇之論調進一步補充闡述，使文章一層深似一層；下篇收筆——「野諺曰：『前事之不忘，後事之師也。』是以君子為國，觀之上古，驗之當世，參以人事，察盛衰之理，審權勢之宜，去就有序，變化有時，故曠日長久，而社稷安矣。」為以上三篇之總結。

△故只就上篇〈論始皇〉來談結構，自然令人有戛然而止，意猶未盡的感覺了。

△其次，再談本課的修辭。本文所選用之動詞，具備極大之擴充力，所以頗能凸顯主題的要旨，如「包舉」、「席捲」、「囊括」、「并吞」，如南「取」漢中，西「舉」巴蜀、東「割」膏腴之地，北「收」要害之郡。

△還有，本文的修辭，具備了具體化的形象美，講到始皇的暴虐，則說他「振長策而馭

△以中國地圖為底，演員扮演之秦始皇執長鞭不斷抽打著。

△戰士拉弓射箭的影片

△影片

△字幕——唐劉長卿「過賈誼宅」，詩句則用行書寫出，背景則用影片。

宇內，執捶拊以鞭笞天下」；講到六國畏怕始皇淫威，則寫「士不敢彎弓而報怨」，「彎弓」是打仗之神態，寫出了形象的特質，所以能造成讀者相當深刻之印象。

△賈誼雖然生於西漢太平盛世，但是，他看透了劉氏諸王的封建割據，實與中央形成相當大之矛盾對立，表面上是天下太平，實際上是戰亂之後，農村破產，遍地饑荒，道德淪喪，廉恥蕩然，賈誼認為必須接受秦滅亡之教訓，行仁義、滅刑罰，國家才能長治久安，所以他的文章充滿了儒家的仁義思想，並兼具了縱橫家的風格，可以說是論說文中的精品。

△（王更生教授吟唱）：「三年謫宦此棲遲，萬古惟留楚客悲，秋草獨尋人去，寒林空見日斜時，漢文有道恩猶薄，湘水無情弔豈

△賈誼、漢文帝畫像

△漫畫

△長沙地圖

△湘水的地圖、影片

△影片

△字幕

△影片

知，寂寂江山搖落處，憐君何事到天涯。」

△（男聲旁白）：賈誼，這位才情逼人的洛陽少年，二十二歲即被文帝召為博士，一年後，又升至太中大夫，受盡了文帝的知遇，也受到元老級的權臣的排擠，漢文帝為了緩和這些當年幫著打天下的朝臣的情緒，只好外放他做長沙王太傅，於是如日中天的賈誼，由朝中的貴客，變成了遷貶的騷人，政壇上的得意和失意，使得遭讒的賈生，渡湘江赴長沙時，哭弔沈江的屈原，明明是賢君賢臣，為何卻不生遇合之美？人間有許多無法解答的疑惑，只有問那奔騰的江水了……。

△賈誼的〈服鳥賦〉是在謫居長沙第四年寫成的，那一天，形似鴞鴉的服鳥飛入寓所，靜靜地注視賈誼好一陣子，好像要報告什麼不

△〈服鳥賦〉的內容（拍攝）	幸的消息一般，天性敏銳的賈誼，自傷壽命不長，於是寫了〈服鳥賦〉自我寬慰，〈服鳥賦〉是用問答體寫成的，隱含了道家的人生觀，因為具備了散文的形式，可視為由《楚辭》轉向漢賦的里程碑，有著承先啟後的特殊地位。
△漫畫	△自從服鳥來過之後，賈長沙的際遇似乎不見好轉，雖然文帝曾因思念賈誼而下令召回，但是，宣室訪賢，所談都是鬼神之事，而不及國計民生，很顯然，賈誼已經被冰凍起來，連千年後的李商隱都替他打抱不平而寫
△字幕	了一首賈生詩：「宣室求賢訪逐臣，賈生才調更無倫；可憐夜半虛前席，不問蒼生問鬼神。」
△字幕——陳政事疏（〈治安策〉）	△雖然賈誼後來，不計個人得失，寫了古今傳誦的陳政事疏，規劃國家重要行政，但是文

△漫畫

△漫畫

△流星的影片

△字幕

△影片

△此時聲部可重播，王教授朗誦的「仁義不施，攻守之勢異也」兩句。

帝卻置若罔聞，此時，這位狂熱的愛國者，已快速地走向下坡，甚至在梁懷王墜馬而死之後，也悲鬱地結束了生命，這顆曾經是政壇的巨星，從天上滑落時，只有三十三歲……。

△我們懷想這位洛陽少年，我們低吟他的作品，發覺他確是才情逼人，然而，是誰說的？「少年得志大不幸」，「生年不滿百，長懷千歲憂」，人世間給了他冷酷的回應，生命之神也玩弄了他，當他在口口聲聲提醒文帝「仁民愛物」的時候，天地造化是否也曾慈愛的對待他？是否？……

△（音樂起……）

附註：男聲旁白部分，請製作單位選擇咬字清晰，聲調富於感情的播音員，切勿再找發音含糊者，謝謝！

典論論文

影帶發行　教育部
腳本撰寫
主　　講　林　玲

影　部

△拍《三國志》《魏書．文帝紀》注中的《典論．曹丕自敘》。
△剪輯影片
（旁白求清晰，且須富表情）
△剪輯影片

聲　部

△音樂徐出……
△（男聲旁白）：自從我懂事以來，時局一直在紛擾中；董卓稱兵作亂，黃巾賊到處燒殺掠奪，於是家家驚恐、人人自危，百姓死亡、屍骨棄於草野。父王見天下不安，便決定教我騎射；我六歲能射，八歲善騎，十歲時，隨父往征荊州，兄長不幸在途中遇害，而我僥倖得乘馬脫逃。從小長於軍旅，又隨河南史阿學劍，能空手入白刃……
父王雅愛詩書文籍，雖在軍中，手不釋卷。他常常訓誡晚輩：年輕時即應專心向學，否

△字幕——袁伯業

△字幕——曹丕五言〈雜詩〉，蔡金波老師吟唱。

△字幕——全詩用行書寫出，背景則剪輯影片。

△演員扮演曹丕、曹植二人聚精會神、興致沖沖「鬥雞」的場面，畫面要突然出現，予人強烈、鮮活的感覺。

△後面繼續請演員演出與內容有關之情節。

則年歲增長，往往健忘。對我，卻讚美有加，認為長大後還能勤學的，只有我和袁伯業罷了，於是，我少讀詩論，稍長，又偏讀五經四部，至於諸子百家之書，幾乎沒有不讀的……

△音樂

△（請蔡金波老師吟唱）

「漫漫秋夜長，烈烈北風涼。展轉不能寐，披衣起彷徨。彷徨忽已久，白露沾我裳。俯視清水波，仰看明月光……」

△（男聲旁白）：我長子建五歲，兩人乃是一母同胞。子建從小聰明過人，父王對他寵愛有加；他以弱冠之年，就受封為平原侯，從軍西討馬超；我年方二十五，亦身居五官中郎將，為丞相之副。我們兄弟二人，無論文才或武略，都難分軒輊，難怪父王為了立太

△畫面上突然出現曹植醉後驅車私闖宮禁的情節。

△演員飾演與圖畫交替出現。

子之事，傷透了腦筋……

子建多情任性，天生一副文人脾氣，平時喜歡結交文友，居鄴下時，我們便經常和王粲、劉楨、應瑒、阮瑀等人聚集在西園，大夥兒一同在花下飲酒賦詩；可是，縱酒無度，也是子建最大的毛病，建安二十二年，他終於闖下了大禍……

△音樂

△（音轉急）：司馬門是宮禁的外門，關係著皇室的安全，子建萬萬不該驅車私闖，他酒醒之後，雖然悔恨交加，但是，父王早已在震怒之餘，下令立我為太子……

△子建愈來愈消沉了，先是楊修被父王所殺，接著，王粲又死於征吳途中，隨後，徐、陳、應、劉這幾位好朋友，竟然相繼死於一場疾疫……，看到子建日日借酒澆愁，我的

△字幕——曹丕〈燕歌行〉，蔡金波老師吟唱。

△剪輯影片，打出行書所寫的詩句。

△國畫——丕、植、甄后三人

△拍《三國演義》、《世說新語》二書

△字幕——鍾嶸《詩品》

△拍書

心中，又何嘗好受呢？在痛苦悲傷之餘，我提筆修書予王朗，表明決心述作《典論》的心志。

△音樂徐出

△請蔡金波老師吟唱

「秋風蕭瑟天氣涼，草木搖落露為霜，群燕辭歸雁南翔，念君客遊思斷腸……」

△（音樂銜接）

△（主持人出現螢光幕，採坐姿）：提起曹氏父子的故事，大家一定不會陌生，關於曹丕、曹植兩人的爭位，以及他們和甄后之間的愛情，在《三國演義》、《世說新語》這些稗官野史上，記載得很多，故事雖然不盡可信，但是，可見曹家父子，在歷史的舞台上，曾經演活了野心勃勃的政策，和慷慨多情的詩人等角色。在中國人同情弱者的習慣

△字幕

△字幕、國畫表現出境界

△字幕、國畫表現出境界

△字幕——〈燕歌行〉

下，曹丕經常蒙受不白之冤——例如，鍾嶸把曹植的詩列在上品，讚美他「骨氣奇高，詞采華茂」，卻把曹丕列在中品，批評他「作品百許篇，率皆鄙質如偶語」，而曹操的作品，只有列入下品的分了；《古詩鏡》的說法較客觀，對於二人作品的評論是「子桓如美媛，子建如貴賓」，甚至讚美曹丕的詩：「優柔和美，讀之齒有餘芬」。雖然曹子建的「才高八斗」確實無人能及，但是，魏文帝的「便娟婉約」也並不多見。以創作言，曹植勝曹丕；以批評言，曹丕勝曹植，何況，曹丕的五言、七言都寫得很好，文學批評由他開始，七言詩體，由他奠定，他的〈燕歌行〉是七言詩中最美的，這一點，大概沒有人會否認吧？

△（重播蔡金波老師所唱的〈燕歌行〉）

△圖表（請運轉鏡頭設計較靈活的圖表）

△字幕——

文學裁判的職責——批評過去的文學。

文學理論的功能——指導未來的文學。

批評理論＝文學裁判的指導。

△字幕

△拍書

△（主持人，採坐姿）：探討〈典論論文〉這篇文章，不可忽略的是，它是我國文學批評之祖。

一般所謂的「文學批評」，大致可分為文學裁判、文學理論，以及批評理論三大部分。「文學裁判」的職責，是批評過去的文學；「文學理論」可以指導未來的文學；而「批評理論」，則是「文學裁判」的指導。西洋的文學批評，偏重於「文學裁判」和「批評理論」，而我國的文學批評，是偏重在「文學理論」方面。

△在〈典論論文〉的開創下，逐漸有一些文學批評的專書出現——先是西晉陸機的〈文賦〉，另外，還有葛洪的《抱朴子．外篇》，到了南朝，便是劉勰的《文心雕龍》，和鍾嶸的《詩品》。

△字幕、圖像

△剪輯晴天天空影片

△鏡頭先拍主持人，再拉遠，主持人坐一旋轉椅上，背景是一大型圖表。

△圖表——

△曹丕的〈論文〉對後世的影響，不是三言兩語所能道盡，它導致後來，講古文的，如唐宋的八大家，清代的方苞、姚鼐、曾國藩；講詩的，如唐代的李、杜、元、白，清代的王士禎、趙執信、袁枚；講詞的，如宋代的張炎；講曲的，如清初的李漁，都各有一套新的文學理論產生，為我國的文學批評，開闢了一片燦爛的天堂。

△因為〈典論論文〉是我國文學批評史上，專篇論文的開始，所以，下面我們要談它在文學批評方面的四大貢獻——

△（主持人）：曹丕在短短一篇論文當中，提出的創見有文氣論、文體論，並且肯定了文學的地位和價值，同時也論及了從事文學批評的人，應該具備的正確態度。我們先談曹丕的文氣論——

論文
1. 文氣論
2. 文體論
3. 肯定文學的價值
4. 提出批評者應有的態度

△圖表如上，而第一點用框框圈起。

△字幕

△圖像、字幕

△字幕

△（以下用漫畫表現）中國人口中的「氣」是非常「玄」的。早在戰國時代的孟子，就有「養氣」之說，莊子也有「神氣」的說法，而曹丕的〈論文〉，首開「以氣論文」的風氣；《文心雕龍》的〈養氣篇〉是第一篇討論如何培養「文氣」的文章，自此而後，歷朝談文章的，罕有不論「文氣」的。直到清朝的桐城派巨擘姚鼐，更是把文章的境界分為神、理、氣、味、格、律、聲、色八種，主張陽剛、陰柔二氣應該相合。「文氣」的說法，可以說是由曹丕出發，到桐城派更趨完密。

△剪輯影片

△字幕

△剪輯影片

△圖表

文氣 — 體氣（才氣、氣質）
　　 — 辭氣（氣勢、情韻）

△圖表如上，體氣用框框圈出。

△現在，我們再回到魏晉。當時，非常盛行人物品評，往往從人體的氣色、眼神、聲音等外在徵象，來觀察一個人內在的才性。魏朝的劉劭有《人物志》，曹丕亦有《士操》一書，可惜已經亡佚了；曹丕的「以氣論文」，很可能是受當時「以氣論人」的風氣所影響。

△「氣」是生命的本源，我們之所以能發出聲音來說話、唱歌或吟詩，都是因為「氣」的作用，每個人稟氣不同，所發出的音色、音量、音調、音速也都不同，所以，寫作文章必然也須講求文氣。曹丕將文氣分為兩大類，第一類是內在的才氣、和氣質，統稱體氣，第二類是表現於外的辭氣；而事實上體氣和辭氣是相互影響的。

△有關「體氣」的說法，西元前五百年的西方

△字幕

△剪輯可表現各種人物性格的影片。

△剪輯《哈姆雷特》舞台劇之影片。

△表格如前，「辭氣」用框框圈出。

△字幕、影片

△字幕、影片

醫學家黑坡克拉提斯（Hippocrates）認為人體是由血液、粘液、黑膽汁、黃膽汁四種體液所組成的，而四種體液分佈的情形，決定了人的性格和脾氣，血液過量的人仁慈愉悅；粘液過剩的人膽怯遲鈍；黃膽汁較多的人固執、急躁；黑膽汁過多，則多慮憂鬱，英國文藝復興時代的戲劇作家，都深受此說影響，莎士比亞便是一例，他所創造的哈姆雷特，便是黑膽汁分泌過多的憂鬱型人物。可見得「體氣」的說法中西皆然。

△至於作品的「辭氣」，包括氣勢和情韻，氣勢是文章所構成的體勢，情韻是文章所表現的韻味。古人說：「韓文如潮，蘇文如海。」形容東坡詞說：「須關西大漢，銅琵琶、鐵綽板，唱大江東去。」形容柳永詞：「只合十七八女郎，執紅牙板，歌楊柳岸曉風殘

△字幕、影片

△（主持人坐於大型圖表前）圖表出現，圈出第二點「文體論」。

△字幕

△字幕

月。」這都是指文章的氣勢和情韻而言。朱光潛《文藝心理學》也認為文章有剛性美和柔性美之分，陽剛之美例如雷電、長風、崇山；陰柔的美好比雲霞、清風、幽林、曲澗。陽剛和陰柔，都屬於作者表現於外的辭氣。內在的體氣影響到外在的辭氣，外在的辭氣受到內在體氣的牽引，以上就是論文中所要表達的「文氣論」。

△（音樂穿插）

△其次，再談到「文體論」。魏文帝的〈典論論文〉，將文體分為奏議、書論、銘誄、詩賦四科，可以說是我國最早的文體分類，這種分類雖然簡陋，但依然值得參考。到了後來西晉陸機的〈文賦〉，在形式上是我國第一篇成熟的駢文，但是在內容上，卻是極其重要的文學批評，〈文賦〉中，將文體分為

△字幕

△拍《昭明文選》的目錄，將這幾篇勾畫出。

△字幕

詩、賦、碑、誄、銘、箴、頌、論、奏、說等；後來蕭統的《昭明文選》，則將文體分為三十九類，姚鼐《古文辭類纂》卻認為它「分類雜碎，立目大多可笑」；劉勰的《文心雕龍》是一部具備理論體系的文學批評專書，全書總共有五十篇，其中從〈明詩〉篇到〈書記〉篇是文體論，總共將文體分為二十類；清朝姚鼐的《古文辭類纂》，卻把文體簡化成十三類。由以上多少可以窺知：自從曹丕開始嘗試將文體加以分類之後，我們的老祖宗，為了模索出區分文體的最佳方式，似乎曾經用盡了心思、費盡了腦筋；而今人，接受了較為科學的邏輯觀念，不但能將文體做最合理的分類，分類的方式又能兼顧到文學的源流，現今的分類是：詩歌、散文、辭賦、詞曲、小說、戲劇。

△圖表出現，第三點圈出。（主持人坐於圖表前）

△字幕

△字幕

△字幕——

△在中國人眼中，「文學」多半是居於附庸的地位，它可以是政治、教化，甚至是宗教的附庸。而且曹操當權之後，便採取法治政策，他曾三番兩次地下「求賢令」，而當代所需要的人才，必須具備治國、用兵之術。在曹操的重法政策之下，就連在兩漢時曾經盛極一時的儒學，都呈現出極度衰微無力的狀態，擁有治國用兵之術者，才是朝廷所倚重的人才；然而，曹丕卻大膽地提出違反潮流的論調，他斬釘截鐵地說：「文章是經國的大業，不朽之盛事。」可以說是大大地肯定了文學的獨立地位和價值！

△到了曹魏，依然沿襲兩漢的說法，因此，曹丕所說的「文章經國的大業」，此處的「文章」，事實上是「文學」的同義詞。曹丕在他的〈論文〉中對於文學地位的肯定，在整

△主持人坐於圖表前，圖表出現，第四點以方框勾畫出。

△字幕

△字幕

△至兩位家中拍二人相對品茗、談論的鏡頭。

△至汪教授家中，拍教授寫字的鏡頭，主持人在一旁訪問。

個文學的發展過程中，具備了相當重大的意義。

△〈論文〉的第四項貢獻，便是指出文學批評者應該具備的態度是「審己以度人」，而不應該「闇於自見，謂己為賢」，或者是「貴遠賤近，向聲背實」。我想，有關這三、四兩大點，我們不妨聽一聽中央大學中文系的張夢機主任和曾昭旭教授，兩位在心靈交會之下的智慧之語……（約三分鐘）

△（音樂銜接）

△同學們——研究〈典論論文〉可能對於曹丕給七子的評論較難理解，我們特別請到在古典詩的研究和創作方面，十分有成就的汪中教授為同學們做分析說明。

△（主持人）：汪老師您好！曹丕的〈論文〉中提到「徐幹時有齊氣」、「應瑒和而不

△字幕——師大國文系汪中教授

△字幕

△剪輯美麗夜空的影片，必須非常能將境界帶出，而且須特寫一顆顆晶亮的星。

△剪輯影片

△特寫星星

壯」、「劉楨壯而不密」，一般同學都不易體會，老師您可否解說一下？

△（汪教授）：……（約兩分鐘）

△（音樂銜接）

△（主持人旁白）：文人和詩人，好比天上的明星，在文學的天空裡閃爍著熠熠的光，在燦爛如白晝的夜裡，您看到的是橫槊賦詩的阿瞞？是七步成章的曹植？還是博聞彊識，才藝兼備的曹丕？您看到的，是古人？是今人？

△年壽有時而盡，榮華止乎其身，文章，究竟如草木榮華之飄風、鳥獸好音之過耳？還是「經國的大業、不朽的盛事」？從子建、子桓的作品中，從古人、今人這麼多動人的詩篇裡，您找到答案了嗎？看！一顆顆美麗的星子，正向著您微笑呢……

△（音樂悠然放出）

P.S.敬請製作單位注重氣氛的烘托和境界的表現。

另外，前面男聲旁白的部分採自述的方式，請不但找一位咬字清晰者錄製，且必須以演戲唸台詞富表情的方法配音，而非請一位缺少感情的播音員唸文稿，二者所造成的效果相當懸殊，敬請配合，多謝合作！

佳作賞析

前言

自從「語文表達能力測驗」取代了傳統的命題作文，出現在大學指定考試中之後，坊間遂充斥著一本又一本語文測驗模擬試題；於今，想要看到一兩篇命題舊作，似乎也不容易了。手邊剛好蒐集了幾篇師大附中作文比賽的佳作，每一篇都有作者的巧思妙意。相同的題目，正好可看出寫作者不同的氣性和筆路。隨意在文章上加了一些批語，這倒不重要，主要用意，還是希望讀者藉此體會文思來去無蹤之不可羈握，同一題目可能有數十種呈現方式。有人教寫作方式一百種，我非常佩服！但法多等於無法，當然，對初學者略示繩墨是必要的，但對一般稍具才性者，只要適時予以點撥即可，給他太多做法提示，反令他將文章作死了。僵死的文章太多，或許是主考單位力思突破作文考測方式之主因。

我對命題作文，通常採取先「放」再「收」的教學步驟。不在開始即給予許多格式和方法，僅告以最基本之少許原則即可，等學生充分顯露自我的思想情意之後，再隨機給予一些建議和調整。不過，此法僅能施用於程度中等以上之學生。

針對如今活潑多元的「語文表達能力測驗」，因為可以考評、測量出考生之多項能力，題型呈現的方式靈活多變，未經充分練習，可能連題意都看不懂，所以，我覺得老師們有必要提前予學生此方面之練習。

下列總共收錄十篇作文稍加點圈。無意重新提倡傳統的命題作文，只是覺得這樣古舊而純粹的東西，其實仍有一些可貴的基礎價值存在吧？

迎向挑戰

〈國立台灣師大附中作文比賽　第一名〉

曾維亭

熾旺的太陽照著燦爛的笑臉；清新的空氣瀰漫著大地，這六年來的血汗，終於要化作一陣清風，以無比堅忍和自信，飛向天際！我是一名鬥士，手高舉著智慧鑄成的青銅劍，身披著成熟莊嚴製成的戰袍，大步向前，讓風聲為我喝采，讓花朵為我盛開，我堅定的走向戰場——迎向未知的挑戰！

△氣勢奔騰，文氣如虹。

就因為人間不完美，所以處處充滿挑戰，而我們要做的不是畏怯退後，而是迎向挑戰、征服困難。自我們出生以來，周遭就充斥著困難險隘，待我們坦然面對它、飛越它。一、二歲的小孩便要學習走路，再大一點便要學習說話，入學以後就有人緣、課業的問題，等進社會，有家庭了，更有經濟和工作的煩惱。所以說，人生無處不是挑戰，你若退怯，就一事無成；勇往直前，則嘗到柳暗花明又一村的喜悅！

△文情轉平實，舉人事以為例。

△舉自然生態為例，文詞精暢。

是的，人間何處沒有挑戰呢？你看那魚兒力爭上游，鼓著勇氣抵抗水流；那毛毛蟲力破厚繭，化作五彩的蝴蝶，隨風飛去；斑馬跑離猛獸的攻擊；大海滔滔向前。人生的的確確充滿了挑戰，但亦時時可以興發迎向挑戰的勇氣！

△引用古詩詞、名句，已至出神入化的地步。

人們以非比尋常的智慧，克服了大自然所設下的挑戰。你或許悲歎人生苦短，聚散無常，有那「聚散苦匆匆，此恨無窮，今年花勝去年紅，可惜明年花更好，知與誰同」的感傷；你或許覺得人生在世，如白駒過隙，忽然而已，有那流年暗中換的遺憾。但古人都以超人的智慧，迎向大自然和光陰的挑戰，所以有蘇軾那「帶雨衝山林，和衣睡晚晴」的瀟灑，有李白那「人生得意須盡歡」的恣意。人生的確充滿了憂愁和挑戰，緩流的河水，連一束蒲柳也載不動，又何嘗漂得動人們滿腔的愁緒呢？但或許有陽光的地方便有勇氣，有藍天的地方就有自信，只要你願意迎向挑戰，又哪怕冥冥中的宿命和流逝的時光呢？

△歸回現實，傾訴心語。

面對升學的挑戰，我也曾低頭過，也許是清新的空氣令人想飛，或許是徐徐的清風送人入眠，我總是逃避現實。但面對浩漫的星空，我許下心願，必定勇往直前，迎向挑戰，讓六年來的血汗值得，讓天賦與努力綻放出成功的果實，讓夢想得以實現，讓理想不再是空夢！

夜已深了，耳邊響起星子墜入河心的叮噹聲，酣醉在薄薄的涼意裡。我依然堅定的高舉著青銅劍，依舊披著戰袍，面對星空，我決定迎向挑戰，乘著夢想的翅膀飛翔，我要用無比的智慧和勇氣，迎向挑戰，凌越過寰宇的變化——飛向永恆。

△塑境悲壯、開闊、優美，達到了「情景交融」的地步。

總評：命題作文的寫法，已擺脫從前公式化的刻板模式，而演進成以靈氣和真誠為重，熔抒情、記敘、說理為一爐，了無痕跡的抒發形態。本文打破了陳腐的窠臼，作者一逞文思自然演進，全文幾乎不見接縫。更可貴的是，文字清麗秀逸，豪語、麗語、逸語組成的絕美意象，令人印象深刻。平時多讀書、多背詩詞，寫作時將經典名句、哲人幽思自然融入，則顯文章底蘊深厚、樣貌多元。

（註）：本文作者曾維亭是我的小女兒，她九十三年考上台大外文系時，國文成績是九十三點六分，在全國十一萬名考生中，列前面十數名。我不敢居功，只深深感謝所有教過她的老師……。

迎向挑戰

〈國立台灣師大附中作文比賽　第二名〉

高嫰涵

生命宛如一座不可知的山峰，而我們都走在這蜿蜒的山路中。在不可知的叢林或雜草深處，埋藏著挑戰與成功，只等待有勇氣迎向挑戰的人，來品嚐這份甜美。

△起筆平順。譬喻精緻。

許多人無法承受一路上的挫敗，他只希望擁有平淡平靜的生命，而放棄了挑戰，放棄了追求夢想的熱情與勇氣。但是，人生本來就是起起伏伏，正如音符高高低低，才能譜出豐富動人的樂章。生命是一種學習的過程，我們都曾在挑戰中敗退，唯一的不同是——誰能再站起來挺身面對另一個考驗。印度大文豪泰戈爾的詩句說：「如果你為了失去的落日流淚，那麼你也將錯失群星。」因此，我們都該勇於面對挑戰，並把錯誤當成石階，走到更高的位置來回看挑戰與人生！

也有人在經過了幾次的成功後，就遺失了繼續挑戰的渴求。他以為此處的泉水已經很甘甜，花朵已經很豔麗了，而當他看著被雲擁抱著的山巔，總以為那是太遙遠、太艱辛的。他告訴自己：「生命至此已很豐足，實在不需要再面對挑戰了。」然而事實上，這卻僅僅是生命的山腰啊！迎向挑戰的我們所需要的，不單是初始的熱情，面對挫折的勇氣，更需要寬宏的遠見和過人的毅力。我們必須明白自己最初的理想，並堅守它，而非被沿途名利、財富的花朵給牽絆，忘了該追尋的珍果。只管迎向挑戰吧！因為當我們大步向前時，花朵也必隨著腳步開放！

挑戰，也是淬煉，在每一次痛苦的鍛燒中，都更顯露出我們美好的本質。正如同德蕾莎修女面對了嚴苛環境的挑戰，激發出人性至美至善的無私大愛；也如同貝多芬迎向了失聰的生理挑戰，讓生命的樂章迴盪在眾人的心中。且讓我們在崎嶇的山路上不失尋夢的勇氣，在繁花的幽谷裡不忘前進的動力；且讓我們都從容而無畏的迎向每一個生命中的挑戰，享有「山登絕頂我為峰」的成功與甜美！

△此段言：迎向挑戰，乃一生之志業。

△結尾不忘舉例，且能回應首段。

總評：本文辭采和內容，都具中上水準。說理穩鍊，文筆有力度；如果能夠從真情至性出發，沛然自肺腑中流出，則文章更顯自然親切了。

迎向挑戰

〈國立台灣師大附中作文比賽第二名〉

林彤

△舉例合宜。入題能快些更好。

艾森豪總統幼時與家人玩牌，總是習慣抱怨自己牌太差而哀聲連連，他的母親生氣的向他斥喝：「如果你想繼續玩，就用手上的這副牌好好玩下去。」母親在事後告訴他：「上帝才是你人生的發牌者，而我們唯一能做的，便是將手中的牌打好。」

命運洗牌，我們賭輸贏。台灣本土的口足畫家謝坤山，從小因為遭電擊而截肢，但他不放棄學習的機會，花十六年完成基礎教育，並向大師吳弦三立志習畫，如今不但開了自己的畫展，還獲頒十大傑出青年的楷模。小詩人周大觀因病失去了一條腿，甚至失去了生命，但他不畏病魔，在人生最痛苦的時候，寫出了屬於自己的詩歌，用一隻腳的勇氣，感染了無數的生命。

人生的道路，並不是踏向終程的康莊大道，而是暗礁四伏的汪洋大

△新穎切題

海。沒有了四面的礁石，便顯不出浪花的美；沒有了浪花的高和猛，就顯不出舵手的膽識和智慧。人生的旅途也許就是為了找尋碧海連天的水平線，才能越挫越勇，屢沉屢起。

黑格爾有句話說：「只有永遠躲在坑裡的人，才不會跌倒。」可不是嗎？當你問溜冰選手要如何才能溜得像他們一樣好？一致的答案會是：跌倒了，再爬起來！失敗了，不要怕丟臉。法國的一代英雄拿破崙總是這樣對他的軍隊說：「真正失敗的人，不懂得從失敗的經驗，看到成功的方法。」如果你是弱者，那麼你是自己最大的敵人；如果你是強者，你是自己最好的朋友。在每一次挫敗中看見信心，迎接下一次挑戰的來臨，才有成功的機會。

上帝關上了這一道門，必定再為我們開啟另一扇窗。英國的首相邱吉爾曾說：「樂觀的人，在每一個憂患中，都看到一個希望；悲觀的人，在每一個希望中，都看到一個憂患。」一個人生的長跑者，不應只是低頭汲汲營營的盤算腳下的蠅頭小利；抑或是耐不住性子的頻頻數算後頭的追趕者。聰明的跑者，要看清眼前跑道上的柵欄，用對了時間，用對了力道，猛然躍過障礙，跌倒了再爬起來，並且永遠記得：勝利者不會在途中聽見讚美，因為掌聲總在衝過紅線的那一刻響起。

迎向挑戰，迎五味雜陳的挫折與失敗，向豁然開朗的智慧與成功。我存在，是宇宙恆長的價值；人生起伏的考驗，是為了要磨亮每一個獨特的生命個體。用勇氣和信心，在失敗的腳印上創造機會，從跌倒的地方爬起來，繼續人生的步伐，迎向挑戰誠如惠特曼所言：「面對太陽時，陰影將落在你的背後。」

△最後一段寫得非常好！文筆不俗。

總評：全文由一則又一則精彩適切的例證組成，陽剛激越、警策有力；若能從自己的生命經驗出發，讀者所受到的感動必然更深。

迎向挑戰

〈國立台灣師大附中作文比賽　第三名〉

蘇怡帆

△用樂音譬喻人事的順逆，非常特別！

△娓娓道來，稍覺枝蔓。

柔美的二胡弦音才剛滑過耳畔，下一瞬間竟已揚起嗩吶貫耳欲穿的尖銳響聲。是一種懾人心神的壓迫感無聲息地填塞了胸腔，那高昂卻又急促的節奏逼得人眼前一片翻黑；輕柔的祥和早已遠去，未知的挑戰卻緊迫得步步逼進。突然，一聲轟天震耳的鈸響劃破心牆，點醒了一個迷茫者的畏縮、恐懼和逃避。

人類架起地球上的網絡世界，當彼此的心意及情感點點滴滴流入了對方的心田，那感應的情愫將會悄悄地萌芽，開出智慧的花朵，結出經驗的果實，甚而燃出一道道人類世界才存有的光彩。然而世界各地的角落總有人以孤單、寂寞和憤懣灌溉自己的心靈，並永遠地鎖在一個人的象牙塔中，只因為擔憂挑戰失敗後的受傷，害怕挑戰背後的付出以及恐懼挑戰成功後的改變。那條人際關係的細線或許是項挑戰，然而那阻滯自我向前的怯懦才是個考驗。很多時候，跨越那道邊界並不是那麼難的，不是嗎？

夢想宛若夜空中滿布的繁星，紅塵俗世的我們卻往往忠於作夢的沉溺而失去了摘星的勇氣。空氣中的塵埃一天又一天地蒙蔽了我們的雙眼，混淆著真實夢想所含的光輝。在時間的輪轉下，我們任由世俗的束縛牽絆著美麗夢境的成真；用夢想與現實不同的藉口矇騙了最初的心靈。其實滿天星斗並非遙不可及的，只要以恆久的勇氣伴著無比的信心，走過挑戰的狂風暴雨時必也能抬頭挺胸、昂首闊步。那些風雨中的飄搖固然令人生畏，然而戰勝挑戰後的和煦陽光不是更讓人溫暖嗎？

名暢銷書哈利波特的作者ＪＫ羅琳曾經只是個靠領救濟金維生的英國小民，然而她卻憑著對自我生命的堅持及對文學創作的熱愛，將職業作家窘困生活的考驗拋諸腦後，出色地成了全球知名的小說家。網球名將大小威廉絲姊妹因為她們非凡的決心和毅力，造就了世界網壇不滅的神話。她們無畏於家境的貧苦，更無視於網球運動的辛勞，任何的挑戰不過是她們成功路上的試金石，最終她們走出了只應天上有的人間路。

生命的本質是不可預測的，生活的漣漪更是此起彼落，身為五千年

△清新柔美，滿篇詩意。

△文境開闊。

歷史的傳承者，我們的心房似乎已充斥著對未知的恐懼及對挑戰的憂慮；我們就像是純真的天使，不停地在膽怯的迷霧中漂泊、打轉，往返走著沒有盡頭的迷宮。唯有當我們能面對那日益茁壯的恐慌及克服層出不窮的挑戰時，我們才能在這滿是塵埃的俗世落定，找到屬於自己的快樂和幸福。

總評：筆法不俗，全篇沒有陳腐味兒，說理委曲婉轉是其特色；不過，骨幹脈絡往往被清詞麗句遮掩而未盡突顯，是本文之微疵。

迎向挑戰

〈國立台灣師大附中作文比賽 第三名〉

蕭亮瑜

漫步在生命迴廊，也許是筆直的大理磁磚通道；也或許是曲折漫長的迷宮。但，我們總是，步入羅馬！

一直認為，只有在一派無知、迷惑中的羊腸小道，才是通往香格里拉的路！途中，你可能會迷失方向；你的心就像汪洋中的孤舟、燈塔，早已離你而去！枯井般的魂，期待著不存在的雨季！此時，你只是個被命運打散的柳絮，飄散在一團不穩定氣流中！

△行文至此，尚未正式進入題目。

不過，還是有人飲了藏在深山中的甘泉；還是有人能站在成功的峰頂，眺望著芸芸眾生！這些人，基因上與你大同小異，生理構造完全相同！唯一與你相異的，是他們面對排山倒海般挑戰的心！不會有人喜歡失敗的滋味，人人都渴望著踏上青雲之路。不幸的，多數人缺乏這種上天恩賜的天賦。幾乎所有人，都會面臨洪水猛獸似的挑戰。逃？你或許可以成功的從這些似乎象徵著失敗的霧中逃走，但我樂意大步邁入「失敗」！

沒錯，挑戰之後也許真的就是失敗！但，靈魂豈是螻蟻？脆弱到不堪一擊？現在的我們，就像峭壁上的幼鷹！養精蓄銳只為了在踏出鳥巢的庇護之後，可以一飛沖天，飛出狹窄的山谷，翱翔在屬於自己的藍天之中！何必擔心山谷的深，水流的湍急？只要具備完善，又怎麼會張不開雙翼？真正可悲的，是永遠希冀順遂，永遠無法見到真實，又活在自己構築的幻想世界中！沒有準備，怎能迎向挑戰？沒有準備，失敗與成功又有什麼分別？

挑戰必然存在！不必害怕冷凛寒風，不必羨慕桃李的豔！只要有信心和萬全的準備，又怎能說，下一季不是你的橙黃橘綠？我一直深信，穩穩當當的找到自己的節奏，扎扎實實的譜出自己的旋律，才是迎向挑戰正確的態度！

現今，一個生命途中最大的挑戰浮現！我應該要覺得恐懼吧！特別是在努力不懈之後，換來的不是甜美的果實，是一次次疲勞轟炸後的迷失，但，內心的平靜讓我訝異！累、快樂、成就、憧憬糾纏，我強烈的

△遣詞組句有自己獨特的風格。

△能回歸自身的經驗，佳！

感受到，一種前所未有的充實！就如一株幼苗，吸收能量日漸茁壯！在準備迎接挑戰的同時，我找到了曙光，是在層層堆積雲層中的人生方向！迫不及待的迎向挑戰。

別畏懼，別遲疑。隨著那細絲般的感覺舞動，別理會身旁紛擾，全心全力的迎向挑戰！挑戰只是聽眾，等待你在寂靜之後，奏出人生完美的狂詩曲！

挑戰，不再是挑戰……

總評：文風筆意清新靈活，真情處處可見。不過，結尾似乎有些匆迫，使表達出了些問題。時間控制的能力提昇，則全文必能從容以盡。

迎向挑戰

〈國立台灣師大附中作文比賽　第三名〉

張令儀

痛苦一方面割破你的心，一方面掘出生命新的水源。生命中面對每一次挑戰所承受的痛苦，其實就是一種促使我們努力奮發的動力，唯有到了山窮水盡，才能更深刻的體悟何謂柳暗花明。於是，我們迎向挑戰！

愛默生曾說：「人的成功不在於永不跌倒，而在於跌倒之後，能夠再站起來。」自我們來到這個世界起，面對著一件一件待克服的困難，有微小至學習說話走路，更有必須獨當一面去解決的問題，但無論它們如何使我們感到痛苦心碎，卻仍舊在這樣的磨難裡使我們的生命得到了昇華，仍舊在無盡的摧折中加深了我們的意志力，仍舊，我們在刺痛椎心之後懂得向前，於是眼前的目標變得清晰，康莊。大道正為我們而開啟。所以，讓我們迎向挑戰！

△入題迅速。

△明確有力！

△舉例平實。

△善用排比！

愛迪生嘗試了千百次，才覓得燈絲的最佳材料；可口可樂歷經了多少慘淡，才擁有現在的輝煌業績；一○四人力銀行的老闆承受了多久失業的潦倒，才在看似天方夜譚的新行業裡獲得空前的成功……從古至今，成功者總在失敗中望向希望，黑暗中找尋陽光，再多的困窘絲毫不能抵擋他們的滿腔熱血，絲毫不能阻撓他們破釜沉舟的決心，他們的唯一信條，即是——面對挑戰，然後克服困難！

如果我們都能以痛苦為師，就能在遭逢逆境的時候懂得堅持；如果我們都能把挑戰視為磨刀石，就能在承受痛苦的時候體會它是使人精進的考驗。老把自己視為珍珠，就經常會有一種被深埋的痛苦，不如把自己視為泥土，讓眾人踩踏成一條寬廣平實的路。我們只要每一步都走的踏實平隱，再多的誘惑不能改變我們的意志與堅持，再多考驗與困阨不能毀滅我們的決心。我們唯一的目標，只是——接受挑戰，迎向成功！

「生命，是大自然給我們的，尚未雕琢的寶石。」我們得不斷地磨才顯得出光亮，不斷地磨才顯得出價值。生命裡苦澀的滋味，無法避免，只能勇敢面對。我們應嘗試承受一切挑戰，才可能掘出生命新的水源，才可能使生命更加豐盈亮麗。

因此，讓我們一起迎向挑戰！

——

總評：自首至尾都緊緊繞著主題發揮，筆法樸實中見真誠，不賣弄文詞、懇切說理是其特色；結語稍感平常，文至最末，必須傾全力甩出豹尾。

難忘的畢業旅行

曾維亭

「杜鵑聲悲切，啼到春歸無尋處，苦恨芳菲都歇，算未抵人間離別。」離別或許是人間最感傷的，但友情卻是越遠越濃，回憶更是無價的。或許高中生涯即將在讀書、考試、大學與校系中的徬徨結束，但這四天難忘的畢旅，將會被捕夢網隨著其他的美夢，輕輕的網入你我的夢鄉中。

忘不了我們手牽著手，踩在清涼冰冷的沙卡礑溪中，清流從我們腳間滑過，遠方白雲悠悠，青綠的高山矗立著，頭頂上的烈日照紅了我們的臉，卻也照熱了我們的心。忘不了我們坐在靜肅的初鹿山莊中，熊熊營火熾熱了我們的好奇心，一支支神祕的卑南舞蹈呈現在我們面前，悅耳的原住民音樂為我們熱情的歌唱。忘不了我們赤腳走在高溫的沙中，撲向那藍色躍動的大海，讓海水洗滌我們的心靈，讓海風吹動我們的髮

△用詞的唯美，正好襯托出迷離、令人黯然銷魂的「離別」……

△一句句「忘不了」，似杜鵑聲悲切。

絲。

忘不了我們在狂風暴沙中艱困的行走，沙子刺痛我們的腳，扎痛我們的雙眼，但我們同心協力，手牽著手，爬上巨大的九棚沙丘，然後痛痛快快的流汗，用鞋子排出一〇二五。忘不了在夜裡，我們躺成一個圓圈，望著天上耿耿星河，搖搖欲墜，聽著星星的故事入睡。忘不了我們坐著渡輪，吹著海風，看著岸邊的景色一一而過，驚訝這四天如白駒過隙，忽然而已。

歲月或許如梭，抓也抓不住，但回憶會如珍寶，完整美好的保存在你我的心中，直到永遠。還記得那燦若星星的天燈嗎？我想了很久，才在上面寫下我的願望——美夢成真。

△友情在筆下滋長，使文字顯出幾分驚心動魄來。

△以「天燈」塑造結尾的意象，很吻合！

一、面對著一個稍陳舊的題目，千萬不要洩氣！嘗試著化腐朽為神奇；不能寫作神奇的話，就以清新的語言，俊逸的神思力擒它！維亭表現得還不錯嘛！

二、結尾「美夢成真」令人悸動，不過，若能稍稍拉回題目更好。

說話難

國立師大附中　徐以倫

說話，真是一門博大精深的學問，無怪乎孔子一再強調「時然後言」和「察言觀色」的重要，的確，歷史上不知有多少人敗在自己無心出口的話語上面，但也有更多的人因一句話而成名，如此看來，我們能不謹言慎行嗎？

五千多年來，數不盡的忠貞愛國的朝士和諫官，被貶謫流放，甚而慘遭殺身滅門之禍，為的是什麼？只不過一本滿腔熱血去直言勸諫，卻不得皇上接納，甚至使對方惱羞成怒，而加重懲治，雖然如此，但不恤生死，風骨凜然之士，卻一個接一個挺身而出，如同被貶湖州、黃州、惠州的蘇東坡，及冤死獄中的楊繼盛。說話難，難在為了顧全大義而產生的生死衝突。

曾子曾經為了妻子一句哄騙小孩的話，而忍痛殺了一隻豬；春秋時代吳國的公子季札，也為了實踐諾言，而掛劍於徐君的墓上；傳說中，更有那不畏河水暴漲，寧死於橋下，而不肯背信離開的尾生存在。說話難，就難在能不妄言自己做不到的事。

歷史上，間接導致唐朝衰敗的牛李黨爭，起因是由於朝臣牛僧孺、李宗閔譏詆宰相李吉甫的政策，因而彼此結怨，造成了日後四十年朝廷的分裂，黨派間互相排軋，靡日而寧，政治也日漸腐敗。所以說：說話難，難在雙方面如何用理性的溝通，去替代無謂的譏刺。

然而，歷史上也未嘗沒有因擅長說話而逃過一劫，甚而揚名立萬的例子。如漢朝時東方朔口齒伶俐，多次諷諫武帝，非但毫髮未傷還頗得寵幸；又如乾隆曾多次下江南，有一回遇到一名已剃度的明朝遺老，乾隆為了羅織其罪，故意指著竹子的外皮——當時稱「篾青」，和「滅清」諧音——問其名，沒料到和尚竟答以「竹皮」，乾隆又指著竹子的內心——當時稱「篾黃」，取「滅皇」之音——和尚卻答「竹肉」，這下子，乾隆果然無法論罪，只好甘拜下風的離去。由此可見，說話的難處，不僅在於須明辨勸說的對象，並顧及所造成的結果，最難的，往往是高度的說話技巧。

總而言之，說話是一種高深的藝術技巧，如果能把握住說話的對象、後果及技巧，或許「說話」這件事，將再也不會為人們帶來困擾了。

〈評析〉

林玲老師

「說話，真是一門博大精深的學問！」誠哉此言！置此句於全篇之首，堪稱工穩而不浮誇。

以倫斯文，以「說話難」三字為經，通貫全文，再用緯線串連起陸續不絕的例證，篇度雖不大，但是，頗有「字字似聖賢，著一屠沽兒不可」之用心，確實非常值得肯定！

「說話難，難在為了顧全大義而產生的生死衝突」，「說話難，難在不妄言自己做不到的事，難在雙方如何用理性的溝通，去替代無謂的譏刺……」寥寥數語，複雜的人情世理，不盡蘊藏此中嗎？可以說是精心鍛鍊之下的作品，唯一的缺點，是收筆略不精彩，雖然說是乘興而來盡興而返，但是用筆過平，便不足以驚四筵了，或許是因為時間的掌握尚未熟練吧！往後可朝此方向努力改進。

孔子曾說：「不學詩，無以言。」似乎是折衝樽俎，應對賓客，缺乏高尚的言談，便不稱於上國衣冠；不過，時代改變了，現在的年輕人多半不崇尚這個，既然不想認真懷抱什麼器識，一切只求痛快適意罷了，所以，在某些追求快樂，維護本我的人們心中，說話，只要張口不就得了，這麼費事作出一篇文章，難道不是件好笑的事嗎？如此看來，真正可悲可歎者，恐怕是在此不在彼了。

（原刊於《中央日報》中學國語文版，83、5、19）

夢

國立師大附中　何艾撘

夢是何物？似霧、似雲，似撲捨即逝的魅影，深伏在難以捉摸的潛意識之中；似巫、似魔，那離奇莫測的法術，出現在深暗幽靜的黑夜，在每個人的腦海上演。迷人的、美好的、驚愕的、痛苦的……一一寫在人們沉睡的臉龐，於是，甜蜜的微笑、滾滾的淚、和無邊的囈語，便隨著一幕幕的夢境，不停地交替著、閃動著，直到破曉雞鳴……

人們常說「日有所思、夜有所夢」，這是真的嗎？然而，究竟夢預言了什麼，這卻是人人所好奇的。市面上也充斥著解析夢的書籍，無論這些解析是否可靠，夢，卻是在精神慰藉方面扮演重要的角色。對於有情人而言，夢又是彼此在夜間溝通的橋樑，曾有一首歌是這麼寫的「甜蜜蜜，你笑得甜蜜蜜……在哪裡見過你。是你、是你，我夢見的就是你……」歌詞中道盡了日有所思、夜有所夢的男女之情，你瞧！聽來不是很甜蜜嗎？另外，中國人十分相信托夢這件事，如袁枚的〈祭妹文〉中，曾感慨地提到素文死前一日，自己驚夢到素文哀淒地向他訣別，次日，趕回家中，只見她已經斷氣，且死目未瞑……。又古老的神話之中，先賢聖人的母親們常被傳說是夢見了龍、鳳等象徵吉祥的動物而懷了他們。這些耐人尋味的夢令人無法理解，可見得夢聯繫了人與人的情感，特別是闊別已久的親人和朋友，實現了人間無法達成的各種綺麗幻想；更溝通了天上、人間和陰曹地府，真是無遠弗屆！

不過，不切實際的空想常被稱作白日夢。其實，每個人的心田裡都有夢想，無論是白日夢也好，夢想也好，人們的想像力和抱負盡投射於此中。愛迪生曾做過孵雞蛋這荒唐的白日夢，萊特兄弟也做過翱遊天際的夢……因為他們有夢，使得人類生活更為便利。誰說做白日夢就是好高騖遠、痴心夢想呢？只要我們去圓夢，化虛為實，做做夢又何妨？

美夢、惡夢、白日夢……，無論是真是假，無庸煩惱它的含意，畢竟夢是幻境，而人生的主宰是我們自己！

〈評析〉

林玲老師

今年大學甄試，國文科作文，是以雙題的形態出現，可謂十分突破。這兩個作文題目，一是「兩代之間」，另外，就是本文題目——夢。「兩代之間」傾向敘兼論的寫法，而「夢」的寫作，更不必特意區隔文體，敘述、抒情、論說，三體鎔鑄最佳。考生可就自己的經驗範圍加以選定和發揮。

艾橙這篇「夢」，篇幅雖不長，但能刪減浮詞冗意，其中，能從書本上取材這一點，倒是臨場應考的人可以借鏡的。文章一開始，她為力避傖俗，特意營造了「迷離」的情境，一切妙在可言不可言，可解不可解之間，頗得義山之筆。考場臨文，若能在修辭方面首先爭取到評分老師之認可，亦不失為得分之良方。文章的第二段，雖無獨拔之句，取材也不是很特殊，但是廣度尚可，在總成績的獲取方面，雖不能攻城掠地，但也有超過平常的表現，由於時間所限，能有此佳思已屬不易。第三段則轉接從容，看不出什麼飛騰之筆，但是，若寫得太露，亦有可能流於粗糙不夠含蓄，建議她在本段增添筆力——外以警策靈動之文句去破除陳腔濫調，內本更深微的情理來分析論斷，此處不慎，易流於教條，而全文難寫之處，盡在其中。艾橙目前尚在高一，新生的身分尚未褪除，容有更大的進步空間可期，宜勉之！全文末段最後一句寫得很好，「畢竟夢是幻境，而人生的主宰是我們自己！」本句若譬之豹尾，倒也摔得十分響亮！夢若果真是「幻境」，這一記棒，當也喝醒了無數迷思……

全文的結構，正符合了A——第一段、B——第二段、A——第三段、B——第四段、A——最後一段，這種一起一伏的結構分配法（註）。寄語考生，除非你的才情卓絕非常，能使文章高潮迭起，否則，在無法段段精彩的情況下，不妨考慮做如此的安排，或者採取「漸入佳境」式，即A——第一段、E——第二段、D——第三段、C——第四段、B——最後一段的分配方式亦可，最忌諱的是每下愈況式A——第一段、B——第二段、C——第三段、D——第四段、E——最後一段，所以，拿到題目之後，務必冷靜謀篇，切勿在慌亂中下筆。只要平常的訓練足夠，是無須擔心時間控制不好的。

最後，希望每位同學都能把握當堂習作的機會，畢竟，在分秒交迫的情況下，如何使文章做最佳的呈現，非盡關乎才情，平時一次又一次的摸索、嘗試和練習，才是最重要的……

（原刊於《中央日報》中學國語文版，83、7、28）

（註）：以英文字母的順序，分表不同的精彩程度。係摘自曾忠華教授《作文津梁》。

夢

盧芝安

總記得垂髫之時，三五朋友往往相互傾訴未來那美好的夢，心中的夢幻像顆五彩剔透的泡沫，在陽光下閃耀著希望和美麗。我們手勾著手，純然地相信未來的誓約，也時時抬起頭看著那高高的藍天。

曾幾何時，純然美麗的夢，滲進了永遠算不完的數學習題；流進了電視新聞中報也報不完的賄賂、暴力、金錢、色情；沁入了孤獨、挫折、現實和壓力。夢的光彩，無法再在陽光之下流轉著。

曾幾何時，夢完美的球體扭曲變形，成為金錢、權力、聲望的慾望體，光彩依舊明亮如昔，但閃耀著透人的霓虹，迷惑著人心，引誘你掉進那一去不回的深淵。美麗的光彩和扭曲，形成了一個詭異又動人的幻夢。

南柯一夢中的書生，在夢中享盡了榮華富貴，嘗盡了「一人之下，

△「閃耀……」一句，無理而妙！

△擬虛為實，佳！

△此處舉南柯

萬人之上」的得意，萬般榮耀、千樣喜福，都集於一人之身。而後來的落魄、失意卻使他吃盡了人間的酸苦和屈辱。想當夢醒時刻，他必是滿腔的感嘆吧！

幼時的我，總是漫嘲著柯夢中的書生。長大之後，才明瞭為何他甘願受夢的作弄、擺布。不過，儘管如此，我決不願成為夢的被操縱者，任由它將我帶領到那不可預知的未來。我也不會任由我的夢扭曲，或失去光澤，而使自己成為哀悼夢的人中的一員。

我要握緊我的夢，仔細地呵護他們。我要一步、一步地踏向我的未來，用我的夢在人生路上施放出光彩，並照耀將來的路程——我必要成為夢的支配者。曾有首歌叫做「我的未來不是夢」。而我的未來卻是個夢，且是我人生中最大的夢。也因如此，我深知「人生有夢，築夢踏實」。

不論將來我的夢是實現，或是成為幻滅的泡沫。即使美夢成幻，我也要將破碎的夢藏在盒子裡。當我年老，打開這個塵封已久的盒子時，相信，所有夢的碎片都會再度在陽光之下閃閃發光，閃耀著童時最純真的光輝。

一夢，使文情轉向淒迷。

△決：一定。

△語意曲折，一字雙關。

△加「即使」二字，以免使文章流入悲調。

一、在前幅當中，「夢」字意謂著「幻夢」，亦意謂著「理想」，作者並不忙著去定義題目，及至中幅以後，「化迷夢為理想」的主題乃漸趨明朗，然而，在驚鴻一瞥之後，又迅速脫開而進入末段，至此，「理想」與「幻想」三義又趨合流。全文不作刻板的論調，於無法中有法，並非人人可到之境。

二、文采縟麗，意境亦美；若能在正面的鋪寫方面多用些功——力避俗濫，使義蘊更深闊。則文心必更見清明高遠了。

（原刊於《明道文藝》作文批改範例）

絲竹管絃

前言

教學之餘，研究古典劇曲是我的最愛。學生中受到影響而能薪火相傳的有不少人，他們喜愛崑曲、演出崑曲，甚至擔任社長弘揚崑曲。中華文化博大精深，找到自己喜歡的項目加以研究，可以盡享學問之樂，若有機會，還可以為我們優美的文化藝術略盡綿薄，這是讀中文系的人無比光榮的使命呢！

讓鑼鼓聲依舊響起

從元朝至明，中國戲曲史上，正是一片繽紛耀眼的天空，而今，絢麗的光彩，雖然已被電視、電影所取代，但是，數百年來不曾息止過的絲竹管絃之聲，卻依然悠悠揚起在紅氍毹上……

中國戲曲，雖在元朝已經粲然大備，而入明以後，益發顯得波瀾壯闊，尤其是明朝中葉崑曲之興，更使得戲曲的枝葉丰采艷發。

崑曲的創製，得力於明朝嘉靖年間，崑山人魏良輔。魏良輔為了改良南曲，足跡不下樓者十年，終於盡去南曲中之訛陋，故新曲調一出，立即打敗了北曲，並迅速風靡遐邇，加上梁辰魚用崑腔來寫作戲曲，崑曲終於形成獨霸之局。在流行腔調繁興的元明，崑曲何來如此巨大之魅力？我想，除了曲書上所記載的「調用水磨，盡洗乖聲，氣無煙火，啟口輕圓」而外，以筆者研習崑曲淺薄的經驗看來，誠覺崑曲之美，美在一份優雅獨特的氣質。

在今天，我們談到元明戲曲，除了翻閱案頭劇本，純作文學之賞析而外，傳統戲曲中的舞影樂聲，幾乎已無處覓得了，幸好戲曲中之奇葩——崑曲，在一片維護中華文化聲中，尚保留於各大專社團裡。我們試舉一例以窺崑曲之堂奧：當年明湯顯祖的名作《牡丹亭》一出，幾令《西廂》減價，《牡丹亭》又名《還魂記》，屬「玉茗堂四夢」之一，描寫杜麗娘與柳夢梅之間浪漫的愛情故事，當時有人因為迷上此劇，揚言非湯不嫁，婁江有一女子，朝夕讀《還魂》而悲死，以湯大家之手筆，加上曲家更製之南音，以及戲劇家所編排之身段，舞榭歌台上綺麗動人之風光，更可想見一斑了。

多年前，筆者曾在師大禮堂演出崑曲〈遊園〉，〈遊園〉為《還魂記》中之一折，劇中描寫南安太守之女杜麗娘，跟隨黌門腐儒陳最良讀書，一日由《詩經．關雎》篇引發了春思，而丫鬟春香，聳恿小姐，主僕二人私遊後花園之種種。戲一開始，在悠揚的笛聲中，一句「夢回鶯囀，亂煞年光遍」，杜麗娘姍然而出，頭繫粉色綢子，身著大紅披風，一派「春眠不覺曉」之慵懶，她輕啟朱唇，幽幽唱出了詠春的序曲。隨後，「炷盡沉煙，拋殘繡線」一連串高起的音符，帶出了俏皮伶俐的小春香，幾句道白之後，二人便在舞台的一角梳妝起來，二人合唱〈步步嬌〉「嬝晴絲，吹來閒庭院，搖漾春如線……」，到「沒揣菱花偷人半面」，春香一手持鏡，一手扶椅，替小姐照出背影來，此處兩人有極美之身段配合，令人想起溫庭筠〈菩薩蠻〉中之「照花前後鏡，花面交相映」。妝罷之後，二人倚著「恰三春好處無人見」的歌聲，一路翩躚來到後花園，入園後，即唱本折戲之主題曲〈皂羅袍〉「原來姹紫嫣紅開遍，似這般都付與斷井頹垣」。記得《紅樓夢》中，一向自視甚高的林黛玉，無意中聽到伶官們習曲，唱至〈遊園〉中「良辰美景奈何天，賞心樂事誰家院」兩句，不由得也嘆道：「原來戲曲中也有好文章。」（註）怎說這不是曹雪芹有心的安排呢？

明朝嘉靖年間，儘管崑曲像匹脫韁之馬，超越了同時流行的弋陽腔、海鹽腔、餘姚腔……一躍而登上了排行榜之首，甚至君臨曲壇達三百年之久，但是，到了晚明，由於「格律派」與「文辭派」尖銳的對立，遂為後來崑曲之衰埋下伏筆，及至清乾隆年間，「雅部」的崑曲，竟然被「花部」的亂彈所取代。在格律派（沈璟為代表）的眼中，即使如湯顯祖（文辭派代表）的鉅作《牡丹序》，也犯了「不合律」之病，而才情驚人的湯顯祖，寧可「拗折天下人之嗓」，也不肯接受格律派之斧正。不過，無論是格律派之講求法度，或者文辭派之注重辭采，總之，崑曲已漸在曲律和文辭方面雕琢，而於不知不覺中，漸漸脫離了舞台，遠離了大眾，試想，除了顧曲之專家，或者具備戲劇修養之文人，誰能輕置一辭，或者貿然問津呢？而戲劇所表現的原是人類共同之情感，以及真實的生命，誰又料想得到，在兩派互爭之餘，崑曲居然飛出了戀戀紅塵，而成了深山裡遙不可及的仙客了，「皮黃」之侵入，實在是可以理喻的。

從滿清入主，一直到民國八年「五四」發生之前，可說是我國舊文學最後階段。戲曲入清以來，明顯分成雅部、花部兩大派別，「雅部」繼承前代傳統的崑曲，「花部」代表來自民間的俗劇。雅部方面，清代雖然也出現了一些偉大的劇作家和作品；如洪昇之《長生殿》，孔尚任之《桃花扇》，以及不知作者之《表忠記》、《鐵冠圖》、《雷峰塔》等，然而，根本問題仍在「曲高和寡」，一任你拍斷紅牙、淺吟低唱，或者浸淫在辭藻間，但是，脫離了俗眾和舞台的崑曲，它的生命在快速地凋零中……。而花部呢？在崑曲日益衰微中。卻以萬鈞之勢，排山倒海而來。

我們說「花部」，是泛指崑腔以外諸曲，其中有京腔、秦腔、梆子腔、羅羅腔、皮黃調……等，統稱「亂彈」，其中特別值得一談的是皮黃——「皮黃」指的是西皮、二黃兩種腔調，因為發皇於北京，又稱京戲，後來因為北京改名北平，故又稱平劇。自從皮黃取代崑曲之後，終又堂而皇之地榮登「國劇」寶座了。

皮黃所以崛起，除了崑曲之衰微提供了大好機會之外，滿清皇族的提倡和愛好也是有力之因素。根據《揚州畫舫錄》的記載，乾隆六次南巡「自高橋起至迎恩亭止，兩岸排列檔子，恭設香亭，奏樂演戲……」，加以乾隆末年，徽伶高朗亭帶著「三慶班子」入京，更使得皮黃打入京城，從此不再是屬於村野的下里巴入了。以上所言，為皮黃興起的客觀因素，至於實質因素，今試整理為以下數點：

一、京戲之形式較為活潑生動，亦莊亦諧，雅俗能賞，崑曲之歌舞以及文學境界雖已達高峰，但最後結果是成為廟堂藝術，難與來自民間，具備原始生命力的皮黃一爭長短。

二、京戲之伴奏以胡琴為主，月琴輔之，能依表演者之天賦條件而調整調門高低（同一曲調，可唱G調，可唱A調），使演出者在歌唱方面作最佳之發揮，而崑腔之伴奏以笙笛為主，音高固定，且有些曲調，最高音至最低音之間，所涉及的音域甚廣，除非有一條又寬又好的嗓子，否則實難以勝任。

三、京戲在劇本上，吸收了崑曲之精華，使崑曲在文學方面之表現，無法專美。依崑曲劇目改編成之皮黃有：白蛇傳（雷峰塔）、紅樓夢、紅娘（西廂記）、蝴蝶夢、西施（浣紗記）、趙五娘（琵琶記）、金鎖記、太真外傳（長生殿）……等。

四、皮黃吸收了各種流行曲調之美。皮黃所吸收之秦腔戲如：〈彩樓配〉、〈三擊掌〉、〈別窯〉、〈回窯〉、〈算軍糧〉、〈大登殿〉等。吹腔戲有：〈奇雙會〉、〈打櫻桃〉等。屬徽調的有：〈徐策跑城〉。屬地方小曲有：〈小放牛〉、〈小上墳〉等。

有了以上主觀、客觀兩大因素，皮黃立刻像得著雨水的春草，迅速地蔓生開來。

學生時代，筆者曾參加師大國劇社，習花衫數年，當年旦角指導老師為段承潤女士，生角為關文蔚女士，兩位均為票界耆宿，具備不凡之劇藝，她們對學生愛護有加，而要求極嚴，因此，社團中雖然都是學生票友，而有些同學演出之水準，絲毫不亞於職業團體。筆者曾經演出：〈御碑亭〉、〈遊龍戲鳳〉、〈拾玉鐲〉、〈五花洞〉、〈奇雙會〉、〈四郎探母〉、〈得意緣〉等，因為研習崑曲之時間有限，不敢自居「崑亂不擋」，然而，在接觸此二者後，深覺崑曲是一份精緻的藝術；但是，環視當今國內，能諳此道者猶如鳳毛麟角。國內現存之曲會雅集，僅以一、二數，且曲友中唱得好的雖多（如李方桂博士之夫人徐櫻女士，前故宮博物院院長蔣復璁先生、焦承允先生……等），然而，能登台將舞台藝術作一總體發揮者，畢竟是不多啊！雖然有些崑曲之劇目，如今依然活躍在國劇舞台上，如〈遊園驚夢〉、〈刺虎〉、〈水漫金山〉（又名〈水鬥〉）、〈昭君出塞〉、〈林沖夜奔〉等，然而，那只能算是平劇化了的崑曲，如前些時，徐露小姐在「新象」的安排下，於國父紀念館演出〈遊園驚夢〉，為傳統戲曲作一示範；還有，去年適值　蔣公百年誕辰時，為振興文化，國劇界舉辦大聯演，當年青衣祭酒顧正秋女士，應邀演出〈昭君出塞〉，顧女士以六十之齡，嗓音依然寬亮清甜，有極為難得的「水音」，如今國內青衣尚無出其右者，加上〈出塞〉一戲，邊唱邊舞，原是典型崑曲之代表，當然難度也相當高，顧女士演來似不著力，而意境全出，不過，徐露的〈遊園〉也好，顧正秋的〈出塞〉也好，嚴格說起來，在行腔咬字之間，純然是平劇的章法，顯然已少了那種濃濃的崑腔味兒了。總之，如今我們要在舞台上覓得純正崑曲的影子，已是難而又難了。

相反的，已經躍昇為「國劇」的皮黃，在三軍劇團辛勤地耕耘下，而今，鑼鼓聲依舊響起在國軍文藝活動中心，以及螢光幕上。除了國內人才輩出而外，亦有許多投奔自由的名藝人，加入振興國劇的行列，照理說，今日的國劇，應該呈現蓬勃的氣象才是；然而，君不見：前往國藝中心聽戲的，多為斑白老者；每週一次的電視國劇節目，收視率簡直低而又低，還有，三軍劇校培植出來的人才，亦紛紛投入影視圈，從這些跡象看來，傳統戲曲發展至今，除了少數地方戲外，景況已經不十分樂觀了，然而，我們再想想，在表演藝術中，能將音樂、舞蹈、文學匯為一爐的，除了傳統戲曲之外，又有誰能夠呢？所以，驟然放棄，或者將它的沒落視為自然的淘汰，這實在是有心之士所不忍為者，因此，為了延續文化的命脈，就如明末之有格律派、文辭派的出現，如今的菊壇，也不知不覺形成兩派人士，一派以徐露為代表，主張維護傳統，另一派以郭小莊「雅音小集」為代表，屬改革派。

數年前，曾在國父紀念館看「雅音」的《新白蛇傳》，郭小姐將白蛇的服飾作一番改變，捨傳統的綾羅織繡為亮片，棄「包頭」為「古裝」，唱腔與身段也稍有改易，紀念館擠滿了年輕熱情的觀眾，連走道上都坐滿了，而且，全場觀劇的情緒極為熱烈，幾乎從頭至尾，不時響起如雷般的掌聲，將台上、台下的氣氛帶到最高點；然而，我卻在不經意中發現：觀眾喝采的地方，幾乎都落在傳統的唱腔和做表上面，如上下船的動作，如「青兒慢舉龍泉寶劍……」，此劇舊式的演法，筆者大概看過十數次，新舊之分野自然可以判斷出來，而看戲的，幾乎都是初次走入國劇的領域，他們的反應是最真實而且不存成見的，而觀眾反應了些什麼？我想應該說是——我們傳統的戲曲還是值得喝采！由此，我突然有一種感覺：國劇在表演的形式方面，有些已經是千錘百鍊，假如改革者不具備文學、音樂、舞蹈以及舞台方面極高之素養，輕言改易，只有留下糟粕而已；因此，我們再試著回想，在崑曲衰微，皮黃崛起的數點因素中，有沒有足資借鏡的地方，我暫且也將它歸納成三點：

一、劇本及演出方面：鬆散、不合情理，或與史實不符之劇本，須由政府敦請專家，或設一專門機構負責修改；而極為名貴之經典之作，則不輕言改動。當然必須著手編寫藝術住、可看性都高的新劇本。

二、伴奏方面：胡琴在調音方面確比崑笛自由，然而笛子在國樂中亦有其地位，若能將國樂伴奏加入國劇中，效果定然不凡，這點應該繼續且擴大地做下去。

三、在新觀眾之培養方面：這也是筆者最關切的一點。崑曲之被取代，最主要的因素是因為脫離了群眾，走進了廟堂，而今，國劇似有步其後塵之趨勢。我們不妨將歌仔戲與國劇作一比較，然後我們會發現，此一地方戲為了延續命脈，俾能屹立於潮流中，已經做了許多超出範圍的包容了，因此，我們驚覺，收看電視歌仔戲的不限於老一輩，年輕人也看，不限於本省人，外省人也看；不過，根據藝術演變的軌跡可知，決定一門藝術能否傳揚下去的因素，並不限於愛好者的多寡，另外一個重要原因，是其品質良窳的問題，舉例而言，一首流行歌，經由歌手「打歌」後，立即風靡一時，甚至街唱巷詠，但是，流行歌的淘汰率卻又高得駭人。所以，雜劇和傳奇發展至今日之「國劇」，其藝術價值之崇高已是不爭的事實了，而問題是，我們的「新」觀眾在哪裡？

無可否認的，國劇對門外漢而言，是極難接受的，提起京戲，總是叫人想起震耳欲聾的鑼鼓、尖尖細細的嗓音，以及緩慢如牛的步調，但是，有一個無法忽視的現象是：只要入了這道門，絕大部分的人都會由喜好，而到達迷戀的地步。因此，如何使徘徊在傳統戲曲殿堂之外的人，能登堂入室，進而窺見宗廟之美，百官之富，那就是當前振興劇運最重要的課題了。有關此點，筆者倒是覺得郭小莊的「雅音小集」做得相當成功，她在帶領年輕人走上國劇之路的貢獻，甚至是超越她改革戲曲之成果，識者以為如何？

最後，我想說的是，任何一種藝術，在演進的過程中，本身即經不斷地改革、淘汰，以平劇而言，當年梅蘭芳得齊如山，程硯秋得羅癭公，由於他們的創新，將平劇的發展帶到巔峰，而今，有可能取代皮黃的似乎是「閩南語連續劇加唱」的歌仔戲。拙見以為：歌仔戲的風格和優點完全在一「俗」字上面，俗即「大眾化」，所以歌仔戲若走向「精緻化」，則喪失其可貴的特色了。另外，我們也幾乎是很感情地不願相信，傳奇雜劇發展至民國，會殘酷地被打上句號，原因是敗在第八藝術這類聲光之娛上面，因此，如今需要的是國家戲劇學院的設立，它除了是教學機構而外，同時也必須有研究部門的設置，將改革劇曲一事，交付研究部門處理；至於吸收觀眾的問題，一方面必須及早將戲劇的種子散播在民族幼苗身上，其次就是結合國內有心之士，共效郭小莊那種死而無悔的精神，開疆拓土，如此古典戲曲無論雅俗，才能永遠活在舞台之上。

（原刊於《國文天地》，77、10）

附註：見《紅樓夢》第二十三回。

參考書目：

1.孟瑤中國戲曲史——傳統文學出版社
2.中國歷代戲曲選——宏業書局
3.中國文學發達史——台灣中華書局
4.劇曲叢譚——華連國著，商務書局出版

（註）：寫此文時「雅音小集」才剛創立，「楊麗花歌仔戲」正風靡。如今二人淡出已久；國立戲曲專科學校設立；大陸劇團亦紛紛來台演出。只是戲曲之推廣，似乎得力於民間贊助較多。我們的文化單位是不是能更加多一點藝術眼光和文化胸襟？

湯顯祖筆下的杜麗娘

——兼談〈驚夢〉的搬演

湯顯祖《牡丹亭》是膾炙人口的劇作，
其中〈驚夢〉一折，
以杜麗娘和柳夢梅的歡會為主戲，
以一個禮教社會的眼光看來，
可能不只是「大膽浪漫」四個字所能形容……

戲曲是迷人的，而愛情更是奪人心魄。假若迷人的舞台上，搬演的正是感人的愛情故事，只見粉妝的佳人曼舞翩躚，風流才子深情繾綣，流麗的曲詞，伴著悠揚的笙笛，能不陶醉者幾稀？

1

明朝的崑曲，在戲曲史上的地位非比尋常，而在崑劇諸作當中，《牡丹亭》的藝術成就更非泛泛；即使是在曲藝凋零的今天，《牡丹亭》裡的折子戲〈遊園驚夢〉，依舊是個色彩鮮豔的戲碼。《牡丹亭》又名《還魂記》，是明朝劇作家湯顯祖的不朽劇作，在「玉茗堂四夢」當中，《還魂記》所獲得的評價最高。湯顯祖將民間流行的話本小說——〈杜麗娘慕色還魂〉，改寫成傳奇，並運用既現實又浪漫的手法，刻劃杜麗娘和柳夢梅之間的生死戀，不但揭露了作者本身對於傳統禮教的厭惡和不滿，也在無形中啟迪了千千萬萬男女追尋愛情的心。此劇一出，恰似風襲浪捲，獲得廣大的回響，由此可以看出：當時的人們在理學盛行下，情感世界受到多麼大的禁錮！

雜劇劇本和傳奇劇本，在形式上不盡相同，北雜劇通常一本只有四折，而崑山腔傳奇大多是長篇巨構，一本傳奇所包含的內容，少則三十多齣，多則四、五十齣，大約需要兩天的時間，日以繼夜的演出；但是，崑曲屬於抒情音樂，俗有「水磨調」、「冷板曲」之稱，而且身段表演日趨細膩，所以，一本傳奇往往受到演出時間和演出效果的限制，而不能從頭到尾搬演，只能從中挑選精彩的折子演出。

《還魂記》原本也有五十五齣之多，其間經過歷史的淘汰，以及舞台的考驗，目前仍然在舞台上演出的，恐怕只有〈春香鬧學〉、〈遊園驚夢〉，最多再加上一齣〈拾畫〉了。

2

在國內大學的崑曲社當中，台大和師大對於《還魂記》似乎情有獨鍾，這兩所學校幾乎每隔幾年，必會演出一次《還魂記》，不過，兩校卻分別擁有自己不同的演出傳統——台大演《還魂》時，在〈遊園〉之後，必然接著〈驚夢〉；而師大歷年來只演過〈鬧學〉和〈遊園〉，似乎從來不曾排過〈驚夢〉，這個現象不但有趣，而且耐人尋味。

其實，在湯顯祖的原作當中，並無〈鬧學〉、〈遊園〉等齣目。《杜丹亭》中第七齣是〈閨塾〉，第八齣是〈勸農〉，第九齣是〈肅苑〉。今人演出的〈鬧學〉，是綜合〈閨塾〉、〈肅苑〉的唱詞，再增加一些春香逗趣的唸白和做表，一方面為此劇營造輕鬆的氣氛，一方面作為即將上場的〈遊園驚夢〉的前奏。實際上，湯顯祖的《牡丹亭》，第十齣接著便是〈驚夢〉，並無所謂的〈遊園〉；現在舞台上流行的演法，是將原劇中〈驚夢〉一齣，自〈遶地遊〉至「隔尾」單獨分出，冠以〈遊園〉之名；而從後面〈山坡羊〉開始，一直到〈綿搭絮〉、「尾聲」截止，便歸屬於〈驚夢〉的部分。

由以上看來，〈遊園〉一折原是〈驚夢〉的一部分，很難獨立存在，只演〈遊園〉，而不續之以〈驚夢〉，也令人有意猶未盡之感。〈驚夢〉中必須用到許多花神，而且花神的隊形變化繁複，排演起來確有一些困難，但是，此種困難並非全然不能克服，而師大數十年來未曾公演過〈驚夢〉，除了有客觀的困難，恐怕也是某些主觀因素使然。

無可否認的，〈遊園〉的歌舞身段，幾乎已成戲曲中的經典；但是，〈驚夢〉當中，宛若天成、治麗動聽的曲調，比起〈遊園〉來，更是不減風情——〈驚夢〉開始，遊春回還的杜麗娘，因為身子睏倦而致晝眠，未曾入夢之前，先有一段自傷之詞，說完便接唱〈山坡羊〉：「沒亂裡春情難遣，驀地裡懷人幽怨，則為俺生小嬋娟，揀名門一例一例裡神仙眷，甚良緣？把青春拋得遠……」曲中無非是埋怨父母，為了挑選名門而誤了女兒的青春；此處有一些細緻的身段表演，俗稱「磨檯子」，將杜麗娘慵懶睏倦的神態刻劃得入木三分。〈山坡羊〉唱完便昏昏入夢，夢中，書生柳夢梅持柳枝上，唱〈山桃紅〉：「則為你如花美眷，似水流年，是答兒閒尋徧？在幽閨自憐，轉過這芍藥欄前，緊靠著湖山石邊，和你把領扣鬆，衣帶寬，袖梢兒搵著牙兒苫，則待你忍耐溫存一晌眠……」唱畢，便強攙著杜麗娘下場去；隨後就是花神們上場了。花神們專掌惜玉憐香，因此前來保護他們，又恐怕「淫邪展污了花台殿」，於是，在二人難分難解之時，適時用落花驚醒他們。最後一場，由「生」、「旦」攜手同上，唱完悅耳的〈山桃紅〉，柳生便送小姐回房將息，自己再悄悄離去。

杜麗娘晝眠的癡態，不久被老夫人發現了，老夫人急忙將女兒喚醒，叮嚀女兒應該觀玩書史，習練針黹以舒展情懷，離去時免不了絮了許多閒話。而此時的麗娘已似著了魔般：「心內思想夢中之事，何曾放懷？行坐不寧，自覺如有所失。」「尾聲」中她唱：「困春心，遊賞倦，不索香薰繡被眠，天呵！有心情，那夢兒還去下遠……」〈驚夢〉一折至此算是結束。

3

〈驚夢〉當中，以杜、柳歡會為主戲，這的確是個令人難堪的題材，何況是以一個禮教社會的眼光看來，更不只是「大膽浪漫」四個字所能交代。不過，就曲詞而言，湯顯祖的戲劇語言，承繼了元雜劇固有的特色，並融和了六朝辭賦和五代詞的綺麗風格，即使是描寫雲雨之情，亦不致引起絲毫淫穢的聯想，反倒充滿眩惑之美。何況古典戲曲的表達方式，向來是寫意的，在〈驚夢〉當中，飄逸的水袖發揮了最大的功用——柳夢梅表示愛慕的方式，是攤開雙臂，用水袖一前一後作出抱持的樣子；而小姐傳達嬌羞的姿態，則是迅速一轉身，再拋出水袖將對方拂開，水袖和水袖在半空中相交，再散出美麗的弧形來。二人雲雨之時，只以雙雙下場表示歡會去也；被落花驚醒之後，「生」、

「旦」再度上場，秀才為小姐整整頭飾和衣衫，一切就算交代了。如此抽象化了的身段，和它的曲詞相較，只有顯得更加婉約含蓄了。

4

綜合以上，〈驚夢〉之所以被視為「學生不宜」，恐怕還是因為它的主題意識。其實，杜麗娘雖然偶然間做了個青春的夢，但在現實生活中，她進退有節、質如蘭蕙。根據曲詞中的描述，小春香眼中的小姐是：「名為國色，實守家聲，嫩臉嬌羞，老成尊重。」年輕亮麗的外表，卻受制於矜持內斂的個性，她胸中儘管充滿了對愛情的嚮往，但是行規步矩，幽靜嫻雅，猶如一朵潔白的百合。《西廂記》裡的崔鶯鶯，在張生熱烈地追求下，最後「自來相就」，而杜麗娘只不過為了一場夢，就癡情地喪生。夢中的所有，在現實中俱不存在，而為了那並不存在的柳郎，杜麗娘拋卻了殘生；最奇特的是，後來柳夢梅果然出現了，已死的杜麗娘，為了和陽間的情郎復會，竟然又活了過來，自始至終，她為柳生死，又為柳郎而生，她追求愛情的勇敢和執著，和現實中溫婉端謹的個性形成強烈的對比。在湯顯祖的安排下，杜麗娘的浪漫，只呈現在真實的生活以外，說得明確一點，是呈現在夢境和鬼域中。杜麗娘在臨死之前，曾經面鏡描容（見十四齣〈寫真〉），死後三年，柳夢梅在太湖石旁拾得了杜女的畫像，一時驚為天人，早晚「玩之，拜之；叫之，贊之！」終於感動了杜麗娘的魂魄，而夜夜前來幽會，人鬼之間，少不了又熱戀了一場（見二十四齣〈拾畫〉、二十八齣〈幽媾〉），後來柳夢梅依言前往梅樹下掘墳，竟然看到小姐「端然在此，異香襲人，幽姿如故」。還魂後的杜麗娘終得和夢中人團聚，柳夢梅亦是何等欣然，決定當宵即成佳配，沒想到杜小姐卻說了：「秀才！可記得古書云：必得父母之命，媒妁之言？」柳生說：在書房中不知幽會了多少次，怎麼現在又矜持起來了呢？杜麗娘回答：鬼魂與郎相交，那是「虛情」，而現在是人了，人嘛，便需要「實禮」。我想，讀者看到此處，定然覺得好笑，以為杜麗娘的「雙重人格」實在太嚴重了，其實，《牡丹亭》正是現實主義和浪漫主義相結合下所產生的鉅作，現實和浪漫之間的掙扎，正好凸顯出湯顯祖特有的風格。

我認為，在湯顯祖筆下，杜麗娘不但是癡情女子的典範，而且是個帶有理想色彩、跳脫時空限制的象徵。古來反叛禮教者所在皆有，但杜麗娘卻是相當特殊的，儘管有人欣賞那種完全擺脫禮教的大膽作風，但是，我以為赤裸裸的個性，比起婉轉幽深的性情，還是少了些餘韻。傳統和浪漫這兩種特質，一旦巧妙地結合在同一件藝術品上面，勢必產生一種異乎尋常的美。杜麗娘猶如一首既古典又浪漫的詩，世間果有此種女子，她無疑是可愛的。

《牡丹亭》是在萬曆二十五年寫成的，湯顯祖深受泰州學派的影響，加上對時政的失望，於是在作品中提出一個「情」字，和程朱所標榜的「理」字對立。

5

「理」字，不妨可以看成道德禮教的延伸，《牡丹亭》如何抗議道德禮教，不妨舉下面數例說明：

其一，杜麗娘死時，杜母悲慟哭泣道：「每日遶娘身有百十遭，並不見妳向人前輕一笑，背熟的〈班姬四誡〉從頭學，不要得孟母三遷把氣淘。」不輕笑、不淘氣，背起〈班姬四誡〉頭頭是道，杜麗娘為什麼死？恐怕連做母親的也未必全然明白吧？

其二，還魂後的杜麗娘，湯顯祖又讓她偕同柳生，雙雙回到人間去和傳統勢力作正面的爭戰——杜太守在淮陽兵急，麗娘囑柳生前去體訪安危，並稟報重生之喜，不料杜子充不認這個女婿，將他視為滿口胡言的劫墳賊，命人用桃條打，用流水噴，他不能接受女兒為愛重生的荒唐事實，杜太守代表現實主義者，認為復活的不是愛女，而是「色精」，他異常激惱，甚至斷然奏請天子誅除妖賊。傳統勢力和超現實的情愛之不能兼容，由此可見。後來因為柳夢梅已中狀元，杜家的一場鬧劇，最後還是由皇帝敕賜團圓才告結束。

6

當然，杜麗娘那種時代的禮教早已不存在，但即使是在文明進步的現代，愛情和禮教若是以別種姿態對立起來，也仍舊是一道令人頭痛的魔咒。基本上，湯顯祖筆下的杜麗娘，只是在意識形態上強烈地反抗禮教，卻尚未在現實生活中不顧道德；根據這一點，再回過頭來看〈驚夢〉，我們發覺：它不過是一種優雅的心靈控訴，是杜麗娘潛意識的心理活動，是一場空靈縹緲的夢境罷了。師大一向文風薈萃，似乎不宜自絕於藝術之門，十幾年來，只聞《西廂記》的〈佳期〉：「花心開、柳腰擺，露滴牡丹開，香恣遊蜂採……」的曲文在師大禮堂揚起，怎不見《牡丹亭》的〈驚夢〉中，杜麗娘和柳夢梅的儷影雙雙？我以校友的身分在此期許——希望有朝一日母校曲社公演時，舞台上站滿了來自各系自願串演花神的同學，到那時候，師大崑曲社對於傳統藝術的發揚，也算有了跨越性的成就了！

（原刊於《國文天地》，81、3）

（註）：二〇〇四年的北台灣，全本《牡丹亭》在白先勇的策畫下熱情推出，一時轟動兩岸，討論、研究的文章不斷出現在報端。現在看來，我這篇文章倒比他們搶先了十多年呢！一笑！

附錄：壹

諸葛亮的鬍子

——國劇人物的年齡問題

黃守誠

舞台上的三國故事之多，確實沒有任何一部小說可以望其項背，而諸葛亮當然是三國人物最出色者。不過國劇舞台上給他戴上飄逸的長髯，卻使他多彩多姿的生命，遜色不少……

中央研究院院士余英時先生最近為文，說：「如果我們有機會做一個普遍的調查，我想中國人對於中國歷史的知識大概要以三國時代最為豐富。三國時代的故事和人物今天仍然是大家所耳熟能詳的。這一點，使我們不能不特別感謝《三國演義》這部不朽的歷史小說。」余先生所說的事實，一點不差；而結論卻未必正確。因為，照我的記憶所及，人們對三國歷史知識的豐富，得之於戲劇的恐怕較多，特別是在教育未普及的大陸時代，更為如此。一般縣城中，不見得有一兩家書店，更別說《三國演義》的出售與流傳了。如果余先生能回憶當年，應該同意吧？

舞台上諸葛亮由老生擔綱

正因如此，我們對劇中人物的身分和年齡，應該有嚴格的認知。尤其是人物的老少差異，對觀眾的感受，極關重要。

舞台上的三國故事之多，確實是沒有任何一部小說可以望其項背。計有「空城計」、「斬馬謖」，「借東風」、「三顧茅廬」、「甘露寺」、「長坂坡」、「古城會」、「群英會」、「水淹七軍」、「千里走單騎」、「草船借箭」、「火燒戰船」等不下二、三十齣。諸葛亮當然是最出色的人物之一。他一向由老生擔任，手拿羽扇、有鬍子。而周瑜、趙雲、呂布則通常是小生、年輕英俊，使人傾倒。

在沒有考察歷史以前，總以為諸葛亮有把瀟灑的鬍子，也乃理之當然。試想：劉備、關公、張飛、曹操都有鬍子，諸葛亮有什麼不可以呢？可是，在細讀《三國志》之後，就發現國劇中的諸葛亮，由有鬍子的老生出任，大大的扭曲了歷史。使戲劇的藝術價值，也降低了不少。

依劇情而論，舞台上的三國故事，確實得自《演義》者，佔絕大多數。不過，諸葛亮之有鬍子，卻是國劇作者或導演之過失了。

依據陳壽《三國志》的記載，我們推斷三國人物的年齡，大致如下：

曹　操　西元一五四年——二二〇年

劉　備　西元一六一年——二二三年

周　瑜　西元一七五年——二一〇年

諸葛亮　西元一七六年——二三九年

孫　權　西元一八二年——二五二年

曹　丕　西元一八七年——二二六年

曹　植　西元一九二年——二三二年

由上表可知：曹操長劉備七歲，長周瑜二十一歲，長諸葛亮二十二歲，長孫權二十八歲，長曹丕三十三歲，長曹植三十八歲，年齡最大，簡直可以說是諸葛亮的父執輩。而劉備和諸葛亮之間，也有十五歲之差距。

這年齡上的差距，並非「小」事一樁。歷史人物的身分、智慧、情感、識見，乃至遭遇，和年齡的關係，最為密切。例如曹丕和甄后之間的悲劇；史家便認為甄后年長於曹丕五歲，色衰而愛弛，乃至被丕賜死，實為主要原因之一。

劉備枉駕 三顧孔明

諸葛乃歷史上的大人物，政治兼軍事家。國劇給他加了長髯，使他本來多彩多姿的生命，因而遜色不少。何以故呢？

先說「三顧茅廬」這件歷史美談。當時劉備駐軍新野（今河南、新野），因徐庶之薦而知諸葛亮其人。但劉備不知其身分、才器，因語徐庶：「君與俱來。」徐庶乃告劉備：「此人可就見，不可屈致也。將軍宜枉駕顧之。」

這時大概是建安十二年底，也即西元二〇七年冬天的時辰。劉備已經四十七歲，時近半百之年了。在軍閥混戰中，他已非等閒之輩，雖然尚無可觀的基業，但梟雄如曹操者，已肯定劉備絕非泛泛之徒，手中已有十萬之眾。做過幾任要職，建安元年即被封為宜城亭侯。建安三年，曹公生擒呂布，原欲免死，因劉備一言，將布誅之。同時曹公表劉備為左將軍，並且從容告訴他：「今天下英雄，惟使君與操耳。」其地位，聲望至少已朝野側目了。

而諸葛亮呢？這時不過是位二十七歲的青年。雖然抱經邦濟世之才，卻還談不上「知名度」，最多為幾位好友知道而已。劉備之肯對諸葛枉駕，《蜀志》〈諸葛亮傳〉注引胡三省之言，頗應注意：

備以梟雄之才，聞徐庶一言，三枉駕以見孔明。此必庶之才器，有以取重於備，備遂信之也。庶自辭備歸曹之後，寂無所聞。今觀其捨舊從新之言，質天地而無愧，則其人從可知矣。或曰，有莘之後，此為僅見，真足以光史冊，長人志氣。

這是偉大史學家的撼人心魄之言。如果我們從年齡上觀察，這件「長人志氣」的史事，豈不更燦爛奪目乎？試想，一位年近半百的梟雄人物，竟然三次枉顧一位二十二歲的青年，誠懇求教安邦定國之計，多麼令人感動，又使人震撼呢？不意國劇中竟以老生充諸葛亮，且有飄飄長髯。既然不合史實，尤其減少了對觀眾的心理衝擊，其不智孰甚？

設若由小生出任諸葛亮一角，除了身分及徐庶的力薦；在年齡對比上，觀眾自然要為之一驚。既可以凸現劉備的禮賢下士，又可以強調諸葛亮的不同凡響。在劇情上，自然也會有較大的震撼。

關公、張飛爲何對諸葛亮不滿

同時，關公和張飛的不滿，也得到了解答。〈諸葛亮傳〉有云：「於是與亮情老日密，關羽、張飛等不悅。先主解之曰：『孤之有孔明，猶魚之有水也。願諸君勿復言。』羽、飛乃止。」

羽、飛為何不悅呢？我以為給諸葛亮戴上鬍子，也是大敗筆。現在的各種戲劇中，諸葛亮均和劉備一樣，戴有飄飄的長髯，看來一般年齡。倒是關公、張飛的扮相，反而似乎年輕一些。相較之下，便覺得關、張「不悅」，沒有太大的道理，甚至近乎幼稚了。倘若諸葛亮是小生扮演，那麼劉備對他之言聽計從，格外親厚，惹得關、張不悅，就合情合理多了。豈不更易博得觀眾的共鳴嗎？

原來，關公在年齡上與劉備相差約一至三歲之間。比諸葛亮至少大出十二歲以上。至於張飛，大概也比孔明年長八、九歲以上。無論如何，是諸葛亮的「老大哥」。況且，關、張和劉備的結識，最晚當在漢靈帝末年（一八九）。到了劉備得孔明，關、張和劉大哥已有十八年上下的友誼。如今忽然來了個「後生小子」，居然把劉大哥「迷」住了。喜新厭舊之嫌，自然容易使人懷疑。

諸葛亮顯然也知道，由於「年少」之故，難以服眾，故而也特別注意、隨時表示「敬老尊賢」之意。如《蜀志》〈關羽傳〉云：「先主西定益州，拜羽董督荊州事。羽聞馬超來降，舊非故人，羽書與諸葛亮，問超人才可誰比類。亮知羽護前，乃答之曰：『孟起兼資文武，雄烈過人，一世之傑，黥、彭之徒，當與益德並馳爭先，猶未及髯公之絕倫逸群也。』羽美鬚髯，故亮謂之髯羽，省書大悅，以示賓客。」

這段史實，不可忽略，以為無關重要。要知道，陳壽已經暗示吾人：關公頗有點「倚老賣老」之意。馬超來降，與關公何干？我們推想，關公心理上之小看孔明，已非一日。諸葛亮當然明白，所謂「猶未及髯公之絕倫逸群」，旨在暗示關公為「老大哥」而已。

依據歷史人物的真實年齡扮演，應推群英會中的周瑜。國劇中的周瑜一角，曹復永、馬玉琪演來均相當傳神。人物英雄，穿著鮮明，更觀出少年得志的風采。職是之故，諸葛亮在同台演出的「借東風」中，帶有長鬚，更不公平、妥當。因為周瑜尚長孔明一歲。當初國劇設計人如此安排角色，豈非欠考慮而何？試想，若由小生出任此角，豈不更顯現出孔明的傑出，也更具吸引力嗎？既然以小生演周瑜使人眉飛色舞，我們更相信，以小生扮演諸葛亮，當更令人傾倒了。在國劇要求突破的今天，我們似乎應該先從「歷史」方面考求了。

（原刊於《中央日報》長河版，91、4、22）

附錄：貳

諸葛大名垂宇宙

——讀〈諸葛亮的鬍子〉一文

江應龍

讀四月二十二日中央日報長河版黃守誠教授〈諸葛亮的鬍子〉一文，深有同感！從諸葛亮初露頭角、意氣風發的許多事實，如〈隆中對〉、出使東吳、赤壁之戰中的種種表現，都是青年時代的事。但國劇中從來沒有用小生的角色扮演諸葛亮，實在是咄咄怪事！

不過黃教授也把諸葛亮寫大了五歲，黃教授說諸葛亮出生於西元一七六年，說劉備三顧茅廬時諸葛亮三十二歲，都是不正確的。

實際上諸葛亮生在漢靈帝光和四年辛酉，西元一八一年七月二十三日，享年五十四歲，實足年齡，只有五十三歲。

漢獻帝建安十二年丁亥，西元二〇七年，劉備三顧草廬，諸葛亮發表〈隆中對〉時，照中國過去的算法，是二十七歲（生下來就是一歲），實際的年齡，卻只有二十六歲。《三國演義》第三十八回，劉備眼中的諸葛亮是「身長八尺，面如冠玉。頭戴綸巾，身披鶴氅，飄飄然有神仙之概。」正史《三國志》也說他「身長八尺」。陳壽〈進三國志表〉說他「少有逸群之才，英霸之器，身長八尺，容貌甚偉，時人異焉。」三國時代的八尺，相當於現代多少公分，有人告訴我是一八〇公分，有人告訴我是一八六公分，也有人告訴我是一九〇公分。哪一種說法對，還要請專家們去作決定了。用現在的流行詞語說：是一位不折不扣的「帥哥」。你想：一個風采飄逸、神情爽朗、器宇軒昂的英俊青年，對著一位歷經征戰、閱歷甚廣、禮賢下士的中年英雄人物劉皇叔，侃侃而談，作旁若無人之概，是一幅多麼美好生動的畫面？以後五六十年「天下」政治局勢的發展，沒有越出他的預料之外（這就「神機妙算」的另一種解釋），這真是一位青年才俊，而且還是一位超級的青年才俊。可是國劇的「三顧茅廬」，卻用大鬍子的老生去演他。台灣元老級的老生哈元章，就演過好幾次。用小生演，我只看過一次，大概是孫麗虹吧！

赤壁之戰發生於建安十三年戊子，西元二〇八年。諸葛亮二十八歲，實際年齡只有二十七歲。周瑜出生於西元一七五年，比諸葛亮大六歲，這時是三十四歲（實際年齡是三十三歲），國劇一向用英俊瀟灑，頭帶錦雞毛如曹復永、馬玉琪一流的小生扮演。但群英會、草船借箭、借東風、火燒戰船之類的戲，諸葛亮始終是身穿八卦衣，頭帶綸巾、手搖羽扇，一大把的長髯，在胸腹前飄拂，老氣橫秋，彷彿五六十許人，實在是違反史實、焚琴煮鶴的殺風景事，使我和黃教授有同樣的遺憾與慨歎！

諸葛亮是政治家、外交家、軍事家、文學家、發明家，人格高尚，忠貞廉潔。司馬懿畏他如虎。他死後，司馬懿「案行其營壘處所」，也讚歎說：「天下奇才也！」陳壽雖對他推崇備至，但說「應變將略，非其所長」，實在是胡說八道。如果不以成敗論英雄的話，他應該是我們歷史上偉大的完人。儘管陸放翁寫過「躬耕本是英雄事，老死南陽未必非」的詩（〈過野人家有感〉），鄭板橋寫過「孔明枉作那英雄漢，早知道茅廬高臥，省多少六出祁山」的曲（〈道情十首〉之九），如果他為個人打算，當然不出山是上策，躬耕隴畝，抱膝長吟，吟風弄月，與世無爭，也許還可以壽登耄耋，樂享高齡。但那樣，天下局勢又會變成一個什麼樣子，他也只能與草木同腐，又怎能表現他「鞠躬盡瘁，死後而已」的偉大精神？怎能顯現他滿腹經綸的才華，崇高偉大的人格？怎能讓我們的詩聖推崇他「諸葛大名垂宇宙」、「伯仲之間見伊呂，指揮若定失蕭曹」？又怎能使千秋萬世的後人，都慨歎著「出師未捷身先死，長使英雄淚滿襟」呢？

（原刊於《中央日報》長河版，81、5、5）

〈回應〉：

孔明的鬍子不可剪

林玲

已故國劇大師齊如老，在他的《國劇藝術彙考》一書中曾提到：「從前觀眾常挑眼，說戲中扮像，常有不合道理之處，他們說是某人年已過五十，應該掛鬚，某人才三十多歲，不應該掛鬚，他們認為這是很嚴重的事情。國劇中掛鬚，固然也有老少之分，可是有時候它完全不管，例如《三國演義》中最重要的劉、關、張三人，它就不管這些，按桃園結義之時，劉備才二十八歲，關羽才二十四五，張飛不過二十二三歲，這三個人，都不應掛鬚，可是這三個人，在所有的戲裡邊，沒有一齣戲不掛鬚的。類似這樣的例子，不曉得有多少。」

根據齊如老這段文字看來，若要細究國劇人物的年齡，就不只諸葛亮的鬍子出了問題，而是劉、關、張的扮像統統不對。

其實，京劇藝術之不重寫實，並不只呈現在人物造形方面，其餘如舞台、砌末、服裝等，無不皆然。在服裝和造形方面，它不但不管朝代，甚至連年歲也不能十分嚴格，最講究嚴格的，還是人的性情品行，一切裝束都是如此，髫鬚自然不能例外。

齊如老的意思是：國劇人物的造形，和他的年齡以及時代不一定直接有關，反而和劇中人物的個性，必須取得配合，於是，在書中他條舉了幾項原則：

一、輕浮伶俐或活潑矯健者不宜掛鬚。

二、深沉靜穆或瀟灑幽雅者宜掛三綹髯。

三、氣度寬宏或莊重肅穆者宜掛滿髯。

四、粗魯莽撞或不拘小節者宜掛扎髯。

諸葛亮在京劇中的扮像，正符合第二類原則。

我想，齊如老的說法應該是正確的。而且這種突破年齡限制的造形，不但是生行，在旦行中亦時或可見。旦角中青衣和花旦，雖亦有以年齡區分的，但是大多數是視性格或身分來定妝，所以，四郎探母中的蕭太后，若論年紀，以老旦扮演並不為過，但通常卻以青衣，甚至花旦應工，餘可類推。

前些時，拜讀黃守誠先生〈諸葛亮的鬍子〉一文，原本即有一些不同的意見想表達，繼而一想，借題發揮，不過是寫文章常有的現象，不用特意去認真；及至五月五日，又拜讀了江應龍教授的〈諸葛大名垂宇宙〉，文中再度為年少英俊的諸葛先生抱不平，頗有鬍子不剪有礙形象之勢，於是我便略事考證，提筆為文以就教於高明了。

戲劇的力量，固然誤導了一般觀眾，使民間心理，無不將瀟脫的孔明，誤為鬚髯飄飄的老者，這點的確令人遺憾，然而諸葛孔明在評話小說的刻劃下，他舌戰群儒、草船借箭，以至於後來智取漢中，七擒孟獲，羅貫中的筆，凸顯了孔明的文才武略、神機妙算，最重要的是，孔明的神明，未必是老於機謀的中年人所能及，而京劇，更將他的沈穩老練，用一把鬍子加以渲染強調，小說和戲劇的強化力量可見一斑。而諸葛亮之所以為諸葛亮，道理即在於此。

至於「小生」一詞，乃元人雜劇所無，明清傳奇中雖有，也和皮黃中的代表意義不同。崑曲中小生乃是二路生的性質，與小末、小淨性質相同，絕沒有年齡較小的意思，當然皮黃中的小生就不一樣了。

黃、江兩位教授，在他們的文章中，同時都提到周瑜俊美的小生扮像。周瑜是由「雉尾生」扮演，如轅門射戟中之呂布，監酒令中之朱虛侯等皆是，雉尾生所飾演的人物，概多舉止靈活健捷，有別於風流儒雅的扇子生，當然和沉穩練達的鬚生更是風格迥異，以周瑜當年在赤壁大戰中破曹的英勇，卻到後來「孔明三氣周公瑾」沈不住氣，看起來，京劇中腳色的塑造，倒是相當成功地將「少年老成」的孔明，和躊躇滿志、「年輕氣盛」的周瑜對比得相當成功，不知識者以為然否？

當然，在一切講求創新的時代中，叫孔明剪下那把鬍子，倒也並非什麼為難之事；不過，對於諸葛孔明而言，小生行中扇子生、娃娃生等對他均不合適，以雉尾生出現當然亦非所宜；假如以「巾生」的姿態出現或者合適，但是，在氣魄上較原本的扮像則又削減了許多。

我建議，若有人想改創孔明的舞台形象，不妨還是讓孔明留下這把鬍子吧，倒是可以改由小生串演鬚生，（亦即臉上先著「紅白」再掛鬚），似乎在歌仔戲中看過葉青的此種扮像。如此，不但孔明先生年輕的手姿隱然可見，而且，往後欣賞三國戲時，不但可以遙想當年的英雄人物，屆時，這幾齣以孔明為主的戲，因為加入反串，不知道又會增加多少看頭呢。

（原刊於《中央日報》長河版，81、6、27）

中國京劇的地中海悲情

若非機緣，或許永不以為這是一種可能——中國京劇加希臘悲劇，您以為答案是問號還是驚歎號？

京劇的式微，是中國戲曲史上一道明顯的曲線；而且兩岸的情況皆然，非關乎政局的變遷與遞嬗。君不見許多鄉土氣息濃厚的民間藝術，也正陷於一場無奈的垂死掙扎中，這是電視電影等聲光藝術驟興的結果；所以，喜愛並關懷傳統戲曲的人，對於戲曲之改革，大多抱持同情且寬容的態度。我和大多數人一樣，想法像是很新，其實又不大新，思想有一點傳統，又好像不太傳統。

有些人不太願意接受「當代傳奇」的演出，可能是因為刊登在報章上的劇照造型有些怪異吧？因此，若不是文建會在大安森林公園敲響的那一記鑼，我恐怕仍在執迷之中。

以中國京劇鋪餵古希臘名劇

所謂機緣，其實全因地利之便——蝸居鄰近大安森林公園。而「當代傳奇」負責人林秀偉從美國請來的前衛劇場巨匠理查謝喜納（Richard Schechner），屬意大安公園音樂台做為實驗演出的場所；所以光復節晚上，「當代傳奇」在文建會的贊助下，於焉鳴鑼開戲，並接連演出三天。這場被定位為「文化間的」（Intercultural）表演，演出的劇碼是古希臘悲劇「奧瑞斯提亞三部曲」。我想在場的觀眾，只要是抱著觀賞「新京劇」的心態前來的，散場時一定會帶著滿懷錯愕離開；不過，當天晚上音樂台前一片衣香鬢影，座位上坐滿偕同妻子前來的外國使節，以及國內許多文藝界人士，連音樂台前方的斜坡草地上，都擁滿觀劇的人潮，從晚上七點半到深夜十一點，在長達三個半小時的演出中，音樂台周遭始終被一種亮麗詭異的熱烈氣氛包圍著，這股空氣向上衝破秋夜的星空，和早已在黑暗中睡去的大安公園，形成強烈的對比。

希臘戲劇是西方史上最早的戲劇，是為了紀念酒神戴奧及薩斯而表演的歌詠和舞蹈。「希臘悲劇」亦即「山羊歌」（tragedy）之意，不但因為山羊是酒神的表徵，而且是祭祀酒神最普通的祭品，因此，希臘悲劇在主題和表現方法上，往往保留了相當顯著的宗教特徵，它經常以一種迥異於寫實主義的形式出現，通常，是在可容納一萬五千個觀眾的露天劇場演出，劇場的看台成半圓扇形，朝雅典娜神殿方向升高。伶人們都是男性，他們戴面具，面具上裝置了利用振動共鳴的銅器製成的擴音器。伶人們用不自然的說話方式朗誦著莊嚴的詩句，並穿著高底鞋行走。合唱隊在戲劇中是重要的，每一合唱班共有十五人，表演時載歌載舞，在長而狹的舞台上列隊前進，以詩的韻律和動作解釋劇情，劇中主角則是遇到抒情性質的詩節時必須獨唱，或和合唱班答唱。伴奏的樂器通常是單笛。從前希臘人觀劇的情況，和中國老式的劇場相仿，古希臘的觀眾們邊嗑果子邊喝酒，並為自己喜歡的角色掌鼓喝采，若對台上演員不滿，憤怒時甚至可能用橄欖或石頭將他趕下台去。傳說從前曾有一名希臘樂師向人借了一堆石頭蓋房子，並答應下次演出時，收集觀眾丟擲的石頭來還他。

基於以上可知，京劇和希臘悲劇，原存在著一些相同的質素，因此不難瞭解謝喜納為何要選擇中國的京劇來餔餵古希臘名劇「奧瑞斯提亞」了。

文化間的藝術實驗　亦中亦西古今雜陳

當天參加演出的，除了男女主角由吳興國、魏海敏分別飾演之外，幾乎清一色都是國光劇團的團員，可謂結合了京劇界的生旦淨末丑，也可以說台上每位都是經過十數年的傳統國劇訓練，並曾經多次的舞台考驗，才轉而投入此劇的演出的。謝喜納猶如交響樂團的指揮，只輕輕揮動手上那根深具魔力的指揮棒，頓時管樂、絃樂、打擊樂，都不約而同，又恰如其分地融入偉大的樂劇中，只見我們的京劇演員，運用他們受過嚴格訓練的肌肉和聲帶，詮釋出東方式的古希臘悲劇來，也使台北的大安公園，成功的上演了戲曲史上的一齣現代傳奇。

觀眾所聽到京劇式的華麗聲腔，是由大陸編曲家李廣伯設計的；至於肢體語言的呈現方面，則是傳統京劇的圓場、鬼步、起霸、吊毛齊出籠。劇情方面，第一部曲是描寫阿卡曼儂王贏得了特洛伊戰爭後凱旋歸國，卻慘遭妻子克萊頓皇后的刺殺。第二部曲是敘述奧瑞斯王子長大後為報父仇而手刃親生母的經過。第三部曲則描寫克萊頓皇后的鬼魂，引導著許多恐怖的怨靈緊追奧瑞斯王子不放，雙方你追我逃，正忙得難解難分時，頭戴猙獰面具的怨靈；竟然一一衝上了觀眾席，激起了現場小孩和婦女的一片尖叫聲，而也在此時，舞台上忽然燈火通明，從後台走出一位身著時裝的雅典娜來，這位雅典娜手持麥克風，身穿迷你裙，作綜藝節目主持人的打扮。雅典娜是阿波羅神的妹妹，也是負責守護雅典的女神。結果雅典娜提議主辦一場公審會以決定奧瑞斯是否有罪。全劇最後是以一場歡愉的遊行和慶典終結。

為何選擇類似荒誕劇作為結尾呢?謝喜納說:如此安排,是為了說明,即使是最蒼涼的故事,也還摻雜了一些荒謬的笑聲。再問,為什麼將它導成一部亦中亦西,古今雜陳的戲呢?謝喜納自認企圖將兩種以上的傳統並置,使他們時而撞擊衝突,時而水乳交融,因為導演認為,即使連我們這些現代人,也非全出於一種完整而單一的文化;因此,這種「文化間的」藝術實驗雖然大膽,但也頗能忠實地反映出當今台北日趨多元的文化事實,或是政治事實來。

(原刊於《中央日報》長河版,84、12、18)

附錄：

學生來信

老師您好：

冒昧寫這封信，打擾之處望您大度能諒。

我於民國七十一年進入板中高一十四班就讀，由您擔任班導，三年的諄諄教誨至今記憶猶新。記得您曾在國文課中爲我們表演崑曲唱段，當時的我只覺得崑曲很滯緩、很沉靜，完全無法理解。十幾年後幸得一位崑曲老師的指引，有機會親炙崑曲這門典雅的藝術，體味其中至高的真與美。回首前塵，感念您當年苦心孤詣，只是我駑愚。而今我有幸參與一份中國古典戲曲雜誌的編輯工作，您的啓蒙之恩每每迴旋心頭。故今日敬奉雜誌創刊號，誠請您指正、批評。

敬頌

大安

學生黃秀香敬上

民國八十八年二月二十四日

老師您好：

冒昧寫這封信，打擾之處望您大度能諒。我於民國七十一年進入板中高一十四班就讀，由您担任班導，三年的諄諄教誨至今記憶猶新。記得您曾在國文課中為我們表演崑曲唱段，當時的我只覺得崑曲很緩、很沈靜，完全無法理解。十幾年後幸得一位老師的指引，有機會親炙崑曲這門典雅的藝術，體味其中至高的真與美。回首前塵，感念您當年苦心孤詣，只是我駑愚。

■學生來函手稿（部份）

小品拾掇

前言

從中學開始就喜歡寫作；而教書後所寫的文章，大多數和教學有關，純文學的筆墨較少，偶有幾篇極短篇、小品文，但數量不多。奉勸有志從事教育工作的年輕朋友，辛苦為教學付出之餘，仍須繼續發展自己的志趣，畢竟這也是一種自我成長的方式，老師不斷成長，受惠最多的還是學生！

長安東路的故事

別夢依依到謝家，小廊回舍曲闌斜，
多情只有春庭月，猶為離人照落花。

屈指一數，睽違中山母校，竟然將近三十年了。長安東路已不復往昔的靜謐，驅車高速公路，可以看到中山女中的屋宇，勉強從路邊探出頭來，衝著來回疾行的車子亮相。

第三高女！愛呷莫愛煮

「第三高女！第三高女！愛呷莫愛煮。」這是母親生前常愛調侃我的一句話，聽說這是日據時代流傳民間，對第三高女學生的嘲謔語。其實是因為那個時代的台灣婦女同胞多半失學，在她們眼中，「第三高女」是得天獨厚和神祕的代名詞。像是灰姑娘豔羨著盛裝進出皇宮的淑媛，出身窮苦的女孩、喜歡對高女的學生品頭論足，一方面羨慕她們養尊處優，又笑她們不諳家務的操持。生長日據時代的母親，萬沒想到自己的女兒有幸能和「第三高女」沾上關係，在她的調笑裡，掩不住的是驕傲和滿足。

考上中山女高是在民國五十六年，那一年台北改制為直轄市，市內六所省立高中改隸市立，我是改稱「市立中山女中」之後第一屆「完全學生」，因此，嚴格說來，不但「第三高女」一詞和我少了些瓜葛，甚至連「北二女」三字也與我無緣。

以國父尊號「中山」爲名

「我們是中華的好女郎，新時代的任務在擔當……」禮堂正在新生訓練，我們這些高一新生在音樂老師的帶領下忙著學唱校歌，很顯然的，大家對於自稱「女郎」這樣的用詞有些意見。當時的校長是石季玉女士，傳說石校長曾是某大校花，只見她螓首蛾眉，碩人其頎，一襲裁剪合度的碎花長旗袍，更烘襯出高雅華貴的氣質來；只不過，石校長說起話來，可是聯珠貫玉令人喘不過氣。「女郎沒什麼不好，女郎是指年輕的女子，妳們就是年輕的女子……」

石校長是在民國四十六年繼王亞權女士之後接長北二女，及至民國六十四年始退休，十八年的掌舵領航，為後來「中山女中」時期開展出一片新境地，我在中山三年，晨昏集會不知聆聽過她多少教誨，其中最醒人耳目，也是她念茲在茲的話語是：「中山女中是最好的、最優秀的，同學們要爭氣，要迎頭趕上……」台北市改制之後，她極力爭取將「省立第二女中」更名為「中山女高」，因為國父的尊號是「中山」，以「中山」二字為名，無非是希望從此名冠群校，洗刷在數字上瞠乎其後的陰影，校長用心之苦可見一斑。可是同學們對於校長「每會必訓」的做法並不特別懂得領會，多半是因為在大夥兒心中，並不覺得自己或學校有什麼不如人處，畢竟中山在歷史和傳統方面佔優勢是事實，早年的台灣婦女，若想進入中等學校就讀，第三高女是唯一可以企及的學府，婦女界菁英莫不出自吾校。揆諸史料，赫然可見台灣第一所女子學校即中山女中的前身，當時稱作台灣總督府國語學校第一附屬學校「女子分教場」，乃民國前十五年由日人所創，民國十一年更名為台北州立第三高女，民國三十四年光復後改名省立台北第二女中。現在的北一女，當時是國語學校第三附屬學校。物換星移，滄海桑田，女校在數字上的互競，原來已纏鬥大半個世紀了。

石校長以查堂嚴格出名

曲欄幽徑，小橋林池，是當年中山的同學最愛攜手流連的地方，如今被巍峨的禮堂雄踞著。十六、七歲時的我，文弱又沉靜，某日忽起莫名的瘋癲，和一位王同學從逸仙樓追逐笑鬧而下，猛一回身，卻撞上準備上樓巡堂的校長，接下來，只聞「女孩子怎麼這麼不注意風度儀態……」的訓詞響在耳畔，伸伸舌頭，兩人早已溜得無影無蹤，空留長廊盡頭兀自生著氣的校長……

當年石校長查堂是出了名的嚴格。左腋記事本、右手握鋼筆，幾乎成了她的標幟；她的習慣是駐足教室外，邊聽邊記，巡完堂後據說有些老師就會被約見。但是母校也不乏一些有來歷有個性的老師——高一有位教國文陸姓的中年女先生，很得我們喜愛，上課總是談笑風生有趣極了，有一天她正在講述孔子或是孟子，同學們也聽得入神，忽見陸老師笑容易怒容，活像川劇的「變臉」一般快速，她用力將課本摔在講桌上，扭過頭去，一手叉腰，瞋眼瞪向天花板，中止了講課，半天不說一句話，同學們紛紛斜睨窗外，只見校長雙眉微蹙，低著頭黯然離開。隨著校長遠去的腳步聲，一時之間雲彩掠過，冰輪乍湧，陸老師立即停止了僵持抗爭，臉上又重新堆滿笑容，事後，她只簡單的對我們說了一句話：「我不喜歡不被信任的感覺。」

其實石校長辦學很認真，她和師大國文系有良好的淵源，經常親至系裡選聘老師，諸如王熙元先生、曾昭旭先生、張建葆先生等，當年都在中山教過課，中山一向人文薈萃，擁有蘭蕙質、柳絮才者不乏其人，和優良的師資大有關係。

曾聽學姊說過一段趣事：學姊班畢業前最後一堂國文課，全班吵著要王熙元老師唱歌。王老師一向敦厚穩重不善嬉笑，但怎麼也拗不過同學們熱烈的請求，只好勉強答應，只見他滿臉泛紅，敞開歌喉準備啼聲初試，不料懸掛黑板上方大家認定是兼作竊聽之用的廣播器忽被打開，發出嘎嘎的聲音，按往例，據說這是校長室打開了收播器想了解老師上課的情形，全班緊張得什麼似的，忙向老師低聲使眼色道：「噓！老師！校長在竊聽！」王老師只好慌忙拾起書本在一片下課聲中落荒而去了。

答不出問題，就罰唱「鍾山春」

二、三十年前的中山女中，有許多老師是女中豪傑不讓鬚眉的。提起地理老師管式訓先生，大概無人不曉，喜歡著寬袍、持摺扇的她，颯爽地猶如戲台上走出一位女扮男裝的鬚生。管老師精神極了，不但言談有男兒之風，上課的方式也頗為獨特。記得高三時老師帶著我們複習前幾冊，她老人家習慣將扇子向講桌上一拍，再大叱一聲：「小姐們！唱！」全班都得乖乖像個小學生般齊聲朗誦課文，念至重要處，她照樣向講桌上用力一拍喝道：「小姐們停！」然後，單挑獨鬥可怕的口試開始了，班上的人被詢及南京的地理位置，由於緊張回答不全，管老師遂命其高唱一曲周璇的「鍾山春」以加強印象，答不出問題已經夠丟臉了還要唱歌，這位可憐的同學，噙著淚哽咽著唱完。管老師再提出第二個問題，這次問遍了不知多少位同學，都答得不夠標準，結果是全班罰站，每個人的玉臀都慘遭她一掌，這輕輕一記，令每位「小姐」羞紅了臉恨不得鑽進地洞去，從此再也不敢不記熟了。那位唱「鍾山春」的同學後來考上台大。

或許是時代風氣使然，當時的女學生，文靜的多，活潑的少。我尤其是個「悶葫蘆」，可以整天繃著臉不發一笑，最愛做的事，是在放學，教室退去聲潮後，獨自守著窗兒塗鴉，各科成績，除了國文一枝獨秀，數學奇爛無比，其他一概平平，這麼一個靦腆內向不善辭令，一心只想唸中文系的平庸孩子，卻蒙恩師林樺先生垂愛。林老師是暢銷一時《文法大全》一書的著作者。她視我為異數，期我以非常，獲知我衷心嚮往中文系後，私下幾度動容，透露出罕為人知的心事來，原來名滿英語教學界的她，早前也是仰慕中國文學，若非困於家計，她的人生該有其他選擇。中文研究是條寂寞淒清的道路，有了老師的相知相惜，走起來倍覺神氣異常。師大國文系畢業後，自己也在教壇舌耕良久，最大的心願是弘揚文化、薪火相傳。

誘發我多年來研探古典劇曲的興趣的，則是母校宣中儀老師。中儀吾師儼然一部活校史，她不但從北二女時代的初中部教到高中部，再教到現今，甚至讀過二女中的初中部和高中部。去年在宣老師娶媳的喜宴上意外遇到姑丈，又聞姑丈呼宣老師為表嫂，原來師生們竟親戚了三十年而不自知。

人生是由縷縷塵緣串起來的網，三年前，外子也翩然落腳中山，手執教鞭成為學妹們的老師。

中山女中的月，經常在夜深人靜時，悄悄地入夢來，還是當年留校夜讀時一樣清亮。第三高女！第三高女！愛呷莫愛煮。隨著母親的笑語聲，驀地驚覺，自己早成日主中饋的庖夫了……。

（原刊於《中央日報》副刊，84、11、28）

老地方

這是離開十年後，她第一次回去。

一雙兒女經過精心打點，顯得益發可人。兒子十歲出頭，像株清新的玉樹，直直高過她的頭；小三歲的女兒，穿上她親手挑選的衣裙後，化作一隻花蝶在窄房裡飛舞。沉思中，鏡子映出丈夫英俊逼人的臉：「還沒好？該出發了！」她慌亂的將粉撲壓向眼角的微紋。

他追她，她跟他，彷彿是了卻前世的等待。幽蘭似的她，大學畢業後，在眾多追求者當中尋覓良久，只想脫卸斑斕的彩衣，靠向一處平靜的港灣。因工作，終在遍植木棉樹的地方與他邂逅。他出奇英俊，又異常溫厚，十足好丈夫、好爸爸的模樣。他忍住羞赧用情書攻她。她也理所當然的回應了。木棉處處的幽徑，密密佈著兩顆心的深吻，他們大大的談了一場小說中驚心動魄的戀愛。

倘有一種情是天長地久的，那她相信自己找到了。忠實的丈夫和慧巧的兒女是上天對她不吝的恩寵。像所有婚姻幸福的女人一樣，十多年來，她平靜的棲止在家人交織起來的情網中。

車子載著一家人在婚姻路上倒溯著，思緒也在逆轉；植著木棉的老地方不遠了，愛情的母泉向他們招手，他們也滿懷虔誠，準備重回兒女生命的發軔處去朝聖——婚後她和丈夫已先後調離那地方舉家他遷；今天，分散各地的同事們都將回到有木棉樹的地方去迎接一場多情的盛宴。

抵達時茶會已開始。場地不大，人實在太多了。她和丈夫忙著和故友招呼，不久被人潮沖散兩地；害羞的兒女緊偎著她亦步亦趨。丈夫離他們有些遠，但一陣浪襲過來，她又被人潮推向丈夫，他們立刻親愛的交換一下眼色。忽然，隔著丈夫三兩步，躍出一個婀娆的身影來，是那個好賣弄風情的女人！

女人以萬般誇張的驚喜靠向丈夫，走經她面前時，卻超乎常情的視而不見，故示冷落。女人抓住丈夫的手原地轉了半個圈，置她於一個觀戰的位置，再用自己漸老的殘焰奮力吐出一道駭人的火舌，然後在她的注視下一口口放肆的吞噬著丈夫，企圖打贏一場女人間慣常的魅力戰。

作態的女人眨巴著媚眼，驅遣臉部的肌肉盡訴對丈夫的欣賞和想念，不年輕的臉言語著小女孩般的夢囈。她看見丈夫靦腆的紅著臉止不住笑著。女人和丈夫沒有交情，她清楚女人只是拿丈夫試刀。

女人專注著自己的獵物，嚴格的用視線將自己和丈夫封鎖在一定範圍中，彷彿漆黑的舞台上只有圓柱型的強光照射著男女主角。她無情的被拋擲台下冷冷觀看這一幕，直到聽到女人旁若無人的嬌嚷著，要擁丈夫到一旁拍雙人照，她以為丈夫該記起她來，然而她卻清楚的看到丈夫的腳正在挪動，被勾魂的丈夫遂隨斷箏一起飄逝。

真情深愛有時也很鏡花水月呢！她總算弄清楚丈夫到底是脆弱的，並非她心中永恆的大樹。男人只是簡單容易的東西。此番回來原為尋夢，現在，她緊牽兒女倉皇敲碎回憶的幻境，不知道最後是怎麼奔出當年那老地方的……

（原刊於《中華日報》副刊，85、7、11）

何必捨子？

打開電視機，絲竹鑼鼓聲一一入耳，原來許久不曾收看的戲曲節目正播出《寶蓮燈》中的〈二堂捨子〉。只見劉彥昌和王桂英神色驚惶，急急審問著一對姣兒，想弄清楚究竟是哪個奴才在南學失手打死秦太師的兒子秦官保。人命關天，誰不知一命抵一命，不先問出元兇，再自行綁去償命，少時衙役到來，必然是兩個兒子一起賠命。心痛加心焦，真真難壞了眼前這對心憂似焚的夫妻。

禍首其實是哥哥沈香，但弟兄倆從小就友愛，此時更想效孤竹國的伯夷、叔齊互相敬讓，於是兩人都供說自己是兇手，都搶著要去抵命。眼看大限已到，竟然問不出半點端倪，急得羅州知縣劉彥昌老淚縱橫，而宰相之女王桂英更是悲啼連連了。

戲劇即人生。原名《神仙世界》的《寶蓮燈》並非全是怪力亂神，尤其是〈捨子〉一場可謂有情有義照應了現實人生，對於複雜的人性也有很深的刻劃。因此，重觀此劇，牽動內心的倒不是劇中腳色的唱做唸表，而是校園中少年過失殺人的種種問題。

「殺人者死，傷人及盜抵罪」，當初劉邦進入咸陽城之後，廢除了秦朝所有的苛法，只與全城百姓約法三章，秦人於是大悅，紛紛歸心劉邦。自此而後，「殺人者死」的粗糙法律概念，不但成為里俗街巷人人信守的天經地義，又何嘗不是眾所公認的，人群社會中不得不然的最後一道防線呢？

曾幾何時，文明日進，精緻多元的法學觀念驅走了人命如草芥的蒙昧時代；罪犯的權益和尊嚴尚且受到層層保障，何況未成年者正需家庭和社會加以教養，因此法網恢恢，吞舟是漏。刑法第十八條第一項規定：未滿十四歲者行為不罰。兒童或是少年，即使殺人越貨，犯下滔天大罪，經少年法庭裁定後，再移送檢察官偵辦，其結果只有三種可能：訓誡、保護管束，最多施予三年以下的感化教育，若表現良好，期滿六個月便可獲假釋。

戲中的沈香也正好十三歲已屆、十四歲未滿，他失手打死的是作惡多端、辱師欺友的秦官保，最後逼使劉彥昌夫婦不得捨棄更稚弱的秋兒以正律法。劉彥昌之所以力勸王桂英捨親生，為的是要留下沈香好救出被壓在華山之下的三聖母。「二堂捨子」又名「二堂審子」，這齣骨子老戲不但在京戲舞台經常上演，川劇、秦腔、河北梆子也有類似的劇目，甚至元朝即有「沈香太子劈華山」雜劇。

相對於劉氏夫婦，現代父母至少可以不必面臨捨子的剜心之痛了；而一家哭？一路哭？何者更可悲更可痛？當然，舊法悖謬自不足論，然而，校園是社會的縮影，本分規矩的人必須經常讓步、偶爾受害，這不也令人感歎而不能心服？

影響子女一生的人格教育和生活常規，主要必須在家庭中靠父母完成，父母不能將這份責任全然推卸給學校老師。有些孩子幼失箴規，狂亂乖張，學校和社會多半以矜憫待之，但是長成之後終究不改，恐怕就國法難容了。

王桂英捨子是因為遵服殺人必須償命的人群慣律；而身為現代父母，更該牢記的是教育自家子弟的「天職」啊！

——慟聞黃玉珍老師被誤殺

（原刊於《中華日報》副刊，85、7、15）

香港已歸共，邊界猶望鄉

今年北區公立高中聯招國文科的閱讀測驗，採用了兩首現代詩來測試考生的語文能力，其中一首是洛夫的〈邊界望鄉〉——

說著說著（註：考題上誤植為說著說者）
我們就到了落馬洲
霧正升起，我們在茫然中勒馬四顧
手掌開始生汗
望遠鏡中擴大數十倍的鄉愁
亂如風中的散髮
當距離調整到令人心跳的程度
一座遠山迎面飛來

把我撞成了
嚴重的內傷
病了病了
病得像山坡上那叢凋殘的杜鵑
只剩下唯一的一朵
蹲在那塊「禁止越界」的告示牌後面咯血。
……（以下略）

早在民國六十八年時，洛夫受邀訪港，余光中先生親自開車陪同參觀落馬洲。落馬洲又稱勒馬洲，位於新界和大陸的邊界，與大陸只隔著深圳河，昔時常有難胞自深圳游泳投奔自由；目前新界租期已滿，最近一併被中共收回。

洛夫寫作此詩時，大陸仍有鐵幕之稱，兩岸不但不能交流，且處於嚴重敵對狀態；多少人少小離鄉台灣老大，大陸對他們而言是故鄉，也是遙遠和心痛的代名詞，更是日夜魂縈夢繞的地方，像洛夫一樣用望遠鏡在邊界眺望故國，雖可聊解鄉愁，但是，又何嘗不會愁上加愁呢？

誰也不能否認這是一首相當成功寫鄉情的詩。古典詩人張夢機教授認為「一座遠山迎面飛來」一句，奪胎自王安石的「兩山排闥送青來」，甚至較王詩更為鮮活靈動，而曾對此詩讚美有加。古典詩人不薄今人愛古人的胸襟確實不凡，但是，洛夫先生若非有幾分深厚的功力，欲令人破除門戶之見加以讚譽也並非易事；不巧的是，洛夫的名詩，在一片香港回歸中共的喧囂慶賀聲中，以考測詩篇解析能力的方式被迫呈現，說真的，實在是令一些少不更事，不解「新亭對泣」典出何處的少年考生一頭霧水了。

甫自國中畢業的學生，打從他們出世不久，所面對的即是開放大陸探親的大環境，今天見爺爺奶奶大老遠拎著禮品返鄉探親友，明天是叔叔、阿姨相約逛北京遊西湖，即使他們的記憶中，模模糊糊有一環是屬於大人們曾經羈留客地不能回鄉的愁，在種種藝術手法層層的包裹下，也未必就能順利解讀出詩中許多抽象的比喻是指詩人在邊界引領而望大陸，雖然看到的只是廣東省一部分，並非洛夫的故鄉湖南，但已嚴重到了「把我撞成了嚴重的內傷」的程度了。當然，這首詩如果不用於考試，而是拿來介紹、講解或分析，則其價值自是永恆不滅的。

眾所周知的，賞析詩時，應該將作品安置在詩人原先創作此詩之時空背景上面；而由於時局的轉換，期望這些在現行政策下成長的孩子們將焦距完全對準，實在是有些為難他們了，若叫我們這些四、五十之輩來讀則又另當別論；更何況還要問：最足以表現作者渴盼鄉情潤澤的意象是「風中散亂的頭髮」還是「迎面飛撞的遠山」？

中共收回香港是世界性的大新聞，而新聞過後不久，在一場決人命運的重要考試中，考題上出現有關香港的問題，答案竟然是一個只能用望遠鏡眺望故鄉的地方，甚至「有一朵杜鵑還蹲在禁止越界的告示牌後咯血」，豈不叫這些被令進行猜謎的學生感到匪夷所思了。

現代詩在中學國文教學中日受重視已是不爭的事實，不過，若像這首洛夫的〈邊界望鄉〉一樣，有了這樣光榮的機會，又遭到了如此尷尬的對待，我想，即使是詩人本身，也會深感一種無以名之的歎息吧！

（原刊於《中華日報》副刊，86、8、21）

永遠的英語大師

中山情，一世情；想當年十六、七歲的年紀，怪異失調的心態，既自傲又自卑，在中山這畝方塘趸駐下心影，如今細數往日，深戀著已逝的青春，更衷心感謝曾經培育過我的母校和可敬的師長……

一流名師引進全國最近的教材教法

那年，我剛升上高三，林樺老師成為我們的班導，在這之前，早已耳聞林老師是一位超級名師，剛從國外進修歸來。果然，開學後不久，她就帶著我們全班遠離教室，利用圖書館為我們上了第一節課。接著，又印製了許多講義，講解當時國內尚無人提及的英語發音規則：「妳們知道嗎？其實，發音是有規則可循的，只要記住規則，就可舉一反三了……」清瘦的老師又和藹又幽默，教室裡迴盪著她高亢清亮的聲音，同學們個個低頭專注於她徹夜不寐為我們趕寫出來的講義。「為什麼這麼大牌的老師還這麼敬業認真?」我經常思索這個問題……

坦誠待學生,一哭始見相知深

或許是適值青澀年齡吧?那時的我個性孤僻,脾氣古怪,上課時,無論台上老師怎麼生動有趣,而我總是板著一張臉十足不討人喜歡的模樣,對於這麼一個冰冷而「不給面子」的學生,老師絲毫不以為忤,她努力用週記搭建心橋,並經常用尊重和賞識的眼光看待我,而我依舊像一塊堅硬的頑石,直到有一天,我們班不知什麼事和數學老師鬧僵了,數學老師賭氣不替我們複習高一、二的課程,班長一狀告到導師那兒,為了大家,林老師選擇低聲道歉的方式希望能化解糾紛,不過,大概因為數學老師正在氣頭上,所以林老師很受了些委曲,後來林老師上課時終於觸動了內心深沉的無力感,她一反活潑熱情的常態愴然傾訴滿腔心事,最後竟然淚灑講堂,同學們相對默然一時失措;或許是有感於偶像級的名師對我們這些微不足道的孩子如此真誠相示,一向堅強如縹緲孤鴻影的老師怎願她脆弱的一面赤裸在我們面前呢?只恨自己沒有堅硬的肩替老師承擔,老師視我們為知己,我們又能奈何呢?想著想著,坐在堂下的我,忘了四周寂然的同學，竟然跟著老師一起掩面悲泣起來。所謂「同聲相應，同氣相求」，師生不能以笑結緣，卻在淚眼中同了聲氣，但這又何嘗不是人間可貴的真情呢？

視每位學生爲獨立個體，不以成績判高下

畢業時，老師要我們每人送她一張照片，她也回贈我們每人一張獨照，並親自在照片背面題字；當時的我雖然暗藏遙遠的志向和理想，但由於性向強烈偏向單科，所以大部分的功課顯得十分差勁，說起來是個整體課業表現不佳，舉止忸怩的孩子，但林老師對每個人都觀察入微，能用簡短真誠的嘉言善語去激盪對方；我拿到的照片是這麼寫的：「林玲！或許是緣吧？我們同樣姓林，同樣單名，但或許這些都不重要，我想重要的是……」我看著末尾的點點點，做出無限的猜想，同學們都圍過來笑我，說那是因為寫不下所以才畫上的，但是，溫馨的感覺卻一直存留至今。

多年後再訪更覺鑽之彌堅

由於用眼過度，民國六十六年老師因視網膜剝離而住院開刀，此後視力始終未能完

全恢復；又過八年，老師終於決定退休，離開她服務了二十五年的中山女中。

自七十四年退休至今，十多年來，老師一直過著寧靜而豐富的退休生活，夫妻相敬相助，三位公子也分別成家立業，且在社會各界有極為傑出而優秀的成就。而我，近三十年了，還是個害羞而不善表達的人，除了一次探病之外，每年只用卡片和書信與老師聯繫，直到四、五年前的寒假，才偕同外子和兒女們前去拜望老師，沒想到那次的造訪，給我留下極為深刻的印象，至此我方完全領會，原來中山人心中永恆的英語大師這麼智慧、精確，像一本淵博深厚的書一樣，吸引著周遭的人去閱讀她。

「到現在為止，我還未遇到過一個人像我媽那麼好，那麼使人喜歡；她心中根本沒有自己！」老師的大公子堅定地說著：「她聰明又用功，退休後除了在銘傳兼課外，自己一直在研究馬克吐溫、翻譯文章、潛修佛學，經常發現她三更半夜還在打電腦，沒有人清楚她究竟忙些什麼。」

穎慧本天成，校園留清芳

我不解，曾任教中山的師長，無論是棲老於此，或僅為過客者不計其數，而究竟如何才算留下典範受人尊仰？我又想：為何至今還有人指著逸仙樓二樓辦公室某個角落說：「當時林樺就坐在那裡！」是因為林老師那本轟動一時的著作——《文法大全》嗎？還是因為她對學生真誠無盡的愛？我想都是吧！不過，我另外有個想法：有一種奇犖不群的人，生就一種異於尋常的本質，而這種本質，是適合永久發亮發光的……

（原刊於中山女中建校百週年紀念專刊，86、11）

隱瞞

媽媽罹癌後，我們姐弟六人，一起肩挑起隨著噩耗而來極大的悲懼和驚恐，對所有親友封鎖消息，共同瞞住了媽媽，和患有心肌梗塞宿疾的爸爸，只說是肝部得了纖維瘤。回首那可怖的半年，媽媽無限痛苦的在病榻上掙扎，深覺人生之痛，莫過於此。而我和弟弟妹妹們，手攙手撐了過來。而今，媽已離開我們二十年了，而爸，也在我們子女全心全意的照料下，享壽八十三歲，終到天堂與母親相聚。追憶往事，心中仍然惻惻作痛。

媽從年輕起，身體就不好，總共開了兩次膽石，一次盲腸。她超乎尋常的忍耐力，和不願麻煩人家的好性情，使得凶惡的肝癌，拖延了一陣才被發現。那年我剛結婚，有天招待娘家人到家中小聚。客氣的媽媽，嚐了一口我煮的菜飯，半天吞不下去，在我再三追問之下，才知，她胸口梗塞不能進食已有多時。我是家中老大，做事一向有魄力，第二天馬上帶她到一家教會醫院掛號。超音波檢查出來的結果，是肝癌。當場我和二妹躲著媽媽哭得抱在一起。醫院出來一個人回夫家時，早已不顧路人眼光，一路讓淚水淹沒著回去。

當時六個子女中，唯有我已婚且育有一子。弟弟尚在就學且又住校；從小孝順又溫柔的二妹，立刻辭去工作，守在醫院全程照顧陪伴媽媽，不願假手外人。大妹和小妹也輪班排上，夜間替換著讓二妹休息。我在教書，每天下班後，請先生幫忙照顧年幼的孩子，再乘客運從板橋趕赴位於中山北路的醫院，常因過度勞累，在車上疲倦的睡著而坐過站，然後再迎著冰冷的晚風走回夜色蒼茫的醫院。我們全家每天一定在醫院會齊，一起圍聚在母親身旁。大家都珍惜和母親相聚的日子。而爸似乎也模糊的知道這場病並不簡單。

其實大家覺得知道真相對事實無益，一方面不忍媽在肉體的疼痛外，再承受死亡的驚恐，另方面怕爸知道後心疾發作，我們只將悲淚暗吞，堅不吐實。爸漸覺事態有異，屢次設法套出真相。有一天，他裝作若無其事的說：「你媽若是癌症也不打緊，嬸婆有大陸來的抗癌秘方。」我一時喪失心防，立刻鬆口說：「快請嬸婆將秘方拿來。」沒想到換來的是爸的一場老淚縱橫，我才知上當。

住病院打止痛和點滴近半年，媽媽當然後來也知道了。她覺命運之神太薄待她，一輩子都在病痛中度過，最後連和子女相聚的歲月也要提早剝奪。而那時的我，幾乎和梵谷一樣，宣佈上帝死亡。媽過世時只有五十四歲，溫和賢良如母親者，為何不能得到上天的眷顧，一直到現在還是我心中最大的不平……

當年只有十幾二十歲的弟妹們，如今都已成婚生子。母親墓前我手植的桂花，也已成蔭，是她生前最愛的。而父親，今年在我們全家的不捨和悲痛中，拋下人世間的勞苦，到天國和母親團圓。回首侍親的日子，思及摯愛的雙親均已離去，心中著實嗒然若失。父母用他們的全部，愛著他們的子女，子女們也用所有的力氣，愛了回去，這就是我們家！

母親病危時，隱瞞，是為了愛母親、愛父親！如今，父親也安息了；然而，無論如何，我們家人緊緊相守、共同努力的往事，點滴留存在彼此心中，這一切，都將成為家族中，最隆重的一份——盟約。

（註）：僅以此文紀念親愛的父母親。

（92、5刊於《中國時報》，93、9修改）

國家圖書館出版品預行編目資料

國文教學心路 ／林玲著. -- 初版. -- 臺北
市：萬卷樓, 2004[民 93]
面； 公分
ISBN 957－739－498－1 (平裝)
1. 教育－文集

520.7 93015065

國文教學心路

著 者：林玲
發 行 人：許素真
出 版 者：萬卷樓圖書股份有限公司
臺北市羅斯福路二段 41 號 6 樓之 3
電話(02)23216565・23952992
傳真(02)23944113
劃撥帳號 15624015
出版登記證：新聞局局版臺業字第 5655 號
網 址：http://www.wanjuan.com.tw
E－mail ：wanjuan@tpts5.seed.net.tw
承印廠商：晟齊實業有限公司
定 價：240 元
出版日期：2005 年 1 月初版

（如有缺頁或破損，請寄回本公司更換，謝謝）
◉版權所有 翻印必究◉

ISBN 957－739－498－1